Rotfuchs

Valentina Eckel

DAS GROSSE KUNST-MITMACH-BUCH FÜR KINDER

Kreativ werden mit
weltberühmten Künstler:innen

Rotfuchs

Originalausgabe
Veröffentlicht im Rowohlt Taschenbuch Verlag, Hamburg, Mai 2023

Lektorat Christiane Steen
Covergestaltung Cordula Schmidt Design, Hamburg
Coverabbildung Valentina Eckel
Satz aus der Questa Sans
bei Pinkuin Satz und Datentechnik, Berlin
Druck und Bindung Grafisches Centrum Cuno GmbH & Co. KG, Calbe
ISBN 978-3-499-00985-3

Die Rowohlt Verlage haben sich zu einer nachhaltigen Buchproduktion verpflichtet. Gemeinsam mit unseren Partnern und Lieferanten setzen wir uns für eine klimaneutrale Buchproduktion ein, die den Erwerb von Klimazertifikaten zur Kompensation des CO_2-Ausstoßes einschließt.
www.klimaneutralerverlag.de

FSC www.fsc.org
MIX
Papier aus verantwortungsvollen Quellen
FSC® C043106

Gewidmet meinen kleinen Künstlerinnen
Marlene, Theresa und Victoria

INHALTSVERZEICHNIS

ZUM BUCH

Mit diesem Buch will ich Kindern Lust auf Kunst machen. Während sie selbst zu Künstler:innen werden, lernen sie auch gleichzeitig etwas über verschiedene Künstler:innen und ihre Stile. Elf ganz unterschiedliche Künstler:innen sollen in diesem Buch vorgestellt werden. Es sind weltbekannte verstorbene Künstler:innen wie van Gogh oder Frida Kahlo, aber ebenso lebende Künstler:innen wie Yayoi Kusama oder Jeff Koons.

Zu allen Künstler:innen gibt es Ausmalvorlagen, Kurzbiografien, einige Originalbilder und jeweils ein Kunstprojekt, bei dem Kinder den Kunststil der Künstlerin oder des Künstlers selbst umsetzen können. Die Kunstprojekte reichen von einfachen Collagen, Bildern, modellierten Kürbissen bis hin zu eigenen Stempeln.

Die notwendigen Materialien für die einzelnen Kunstprojekte sind am Anfang des jeweiligen Projekts aufgelistet. Materialien, die das Kunstwerk noch schöner, einfacher in der Herstellung oder stabiler machen, sind als *nice-to-have* gekennzeichnet.

Für jedes Kunstprojekt gibt es auch ein Video, das durch die einzelnen Schritte des Projekts führt und Variationen des Kunstprojekts aufzeigt. Dazu einfach den QR-Code auf der jeweiligen Seite mit dem Handy scannen.
Viel Spaß!

VORBEREITUNG & MATERIAL – TIPPS FÜR ERWACHSENE

- Egal wie sehr man aufpasst, es kann immer mal etwas Farbe oder Kleber danebengehen. Hier hilft es, feste Rituale einzuführen: Tisch leer räumen, Zeitungspapier als Unterlage auslegen, eine Rolle Küchenpapier auf den Tisch stellen, um Umgeschüttetes schnell auffangen zu können, und einen Malerkittel oder ein altes Hemd anziehen.
- Es hat sich bei uns bewährt, dass alle Materialien einen festen Platz haben, an den die Kinder auch selbstständig herankommen. So können sie allein basteln und schaffen es, Ordnung zu halten.
- Wir heben schöne Geschenkpapierreste oder auch Verpackungspapier (Seidenpapier) aus Onlinebestellungen auf. Mit ihnen kann man hervorragend basteln, und Seidenpapier eignet sich sehr gut für Pappmaschee-Werke.
- Jedes Bild bekommt in einem Rahmen eine größere Bedeutung. Wir haben Zeichenrahmen an der Wand, die sich an einer Seite öffnen lassen. So können die Kunstwerke der Kinder schnell ausgewechselt werden.

MEINE TIPPS FÜRS MATERIAL

- Auch bei Kindern gilt: lieber weniger Material, dafür aber Markenqualität. Sonst ärgert man sich über blasse Farben oder nicht haltendes Washi-Tape.
- Wir nehmen als deckende Farben gerne Voll- und Abtönfarben aus dem Baumarkt. Sie haben ein gutes Preis-Leistungs-Verhältnis.
- Wir kleben und malen unsere Kunstwerke immer auf dickeres Papier (125 g). Dann sind sie stabiler, und die Blätter wellen sich nicht bei zu viel Farbeinsatz.
- Wenn man nicht zu viele unterschiedliche Bastelmaterialien zu Hause haben möchte, würde ich mich neben Schere, Kleber und Farben auf buntes (Ton-)Papier, Washi-Tape und einen Goldstift beschränken. Mit buntem Papier und Washi-Tape hat man unendliche Bastelmöglichkeiten, und mit Goldstift lässt sich jedes Bild aufpeppen.

Der Kuss, 1907 / 1908

GUSTAV KLIMT

(1862–1918)

In Wien lebte einmal ein sehr ehrgeiziger und disziplinierter Junge namens Gustav Klimt. Er sollte der berühmteste Maler Österreichs werden.

Gustav wuchs in armen Verhältnissen auf. Er hatte sechs Geschwister: seine ältere Schwester Klara sowie seine jüngeren Geschwister Ernst, Hermine, Georg, Anna und Johanna.
Sein Vater war eine Art Goldschmied, aber leider nicht besonders wohlhabend, sodass die ganze Familie teilweise in einer Wohnung mit nur einem einzigen Raum lebte.
Schon in der Grundschule wurde Gustavs großes künstlerisches Talent entdeckt, und mit 14 Jahren durfte er bereits die Wiener Kunstgewerbehochschule besuchen. Ein Jahr später bestand auch sein Bruder Ernst die Aufnahmeprüfung, und die beiden konnten gemeinsam ihr künstlerisches Talent verbessern. Sie gründeten zusammen mit ihrem Freund Franz Matsch eine Künstlergruppe und nannten sich die *Künstler-Compagnie*. Sie waren so gut, dass sie neben vielen Aufträgen auch einige Preise bekamen. Leider starb Gustavs Bruder Ernst früh, und die *Künstler-Compagnie* löste sich auf.

Gustav gründete mit befreundeten Künstlern eine neue Künstlergruppe, die *Secession*. Sie wollten österreichische und ausländische Künstler zusammenbringen und gemeinsame Ausstellungen organisieren. Zur ersten Ausstellung kam sogar der österreichische Kaiser. Leider mochten die meisten Leute Gustavs Kunst nicht. Sie war ihnen zu modern und verstieß ihrer Meinung nach gegen den «guten Geschmack». Bisher hatte man meist heldenhafte historische Figuren (z. B. griechische Götter) abgebildet. Die Frauen in Gustavs Bildern sahen dagegen ganz

modern aus. Sie hatten aktuelle Frisuren oder waren auch mal hässlich dargestellt. Irgendwann bekam Gustav keine Aufträge mehr und beschloss, aus der *Secession* auszutreten.

Um Geld zu verdienen, malte er Auftragsbilder von reichen Wiener Frauen, sogenannte Porträts. Seine Porträts waren sehr beliebt. Die Frauen sahen in den Bildern sehr hübsch aus und waren in edle Roben gekleidet, die Gustav reichlich verzierte. Auch seine anderen Bilder kamen jetzt besser bei den Leuten an. Gustav durfte in Berlin, Prag, Venedig und anderen Städten ausstellen. Er verdiente nun gut und bekam viele Preise. Meistens stellen seine Werke Themen wie die Liebe, das Leben und den Tod dar. Häufig malte er Frauen, aber es gibt auch einige Landschaftsbilder von ihm. Seine Kunst wird dem *Jugendstil* zugeordnet. Diese Kunstrichtung war bekannt für viele Verzierungen, Blumenmuster und geometrische Formen.
Gustav heiratete nie. Nach dem Tod seines Vaters kümmerte er sich um seine Mutter und seine Schwestern. Er wohnte ein Leben lang mit ihnen zusammen.
Er hatte einige Freundinnen, viele davon saßen ihm Modell. Angeblich hatte er 14 uneheliche Kinder. Die Kinder von zweien seiner Modelle erkannte er als seine eigenen Kinder an: Gustav und Otto von seiner Freundin Mizzi Zimmermann und einen weiteren Gustav von Maria Ucicka.

Seine Vertraute und Lebensgefährtin aber war die Schwester seiner Schwägerin, Emilie Flöge. Er verewigte sie in einigen seiner Bilder und schrieb ihr mehr als 100 Briefe. Mit ihr verbrachte er jedes Jahr seine Sommermonate auf dem Land. Emilie heiratete ebenfalls nie. Als Gustav mit 56 Jahren plötzlich einen Schlaganfall bekam und sich nicht mehr davon erholte, ließ er Emilie kommen. Sie blieb bis zum Tod an seiner Seite.

GUSTAV KLIMT zum Ausmalen

Der Kuss

GUSTAV KLIMT kurz und knapp

Österreichischer Maler
Kunstrichtung: **Jugendstil**
Reichlich verzierte Gemälde mit Ornamenten und Blattgold
#derkuss, #jugendstil, #frraueningold

Hier findest du seine Werke:
Die größte Sammlung besitzt das österreichische **Museum Belvedere** in **Wien**. Dort findet man auch das berühmte Bild *Der Kuss*.

In Deutschland u. a.:

- Im Albertinum (Dresden)
- In der Staatlichen Galerie Moritzburg (Halle an der Saale) oder
- In der Neuen Pinakothek (München)

In Wien in Österreich u. a.:

- Im Leopold Museum
- In der Secession oder
- Im Museum für angewandte Kunst (MAK)

Bildnis Adele Bloch-Bauer I, 1907

GUSTAV KLIMT in Aktion

Wir verwandeln uns in ein Porträt von Gustav Klimt

Du brauchst:

- √ **Ein Foto von dir** (mit Händen, Oberkörper, Gesicht)
- √ Gemustertes Papier (Geschenkpapier oder Ähnliches)
- √ Dickes Papier für den Hintergrund (125 g)
- √ Kleber und Schere
- √ *Nice-to-have: Motivpapier (wir haben Hot-Foil-Design-papiere von folia benutzt), Goldstifte, Buntstifte*

1. Schneide deinen Kopf mit Hals und Haaren, deine Hände, deine Arme und deine Kleidung aus.

2. Suche dir schöne Papiere und Muster aus. Schneide daraus Formen für den Hintergrund und deine Kleidung. Du kannst deine ausgeschnittenen Kleidungsstücke als Vorlage zum Ausschneiden nehmen.

3. Klebe den Hintergrund fest und ordne deine Muster und Körperteile darauf an. Wenn du damit zufrieden bist, klebe alles fest. Zum Schluss kannst du das Kunstwerk noch mit Gold- und Filzstiften verzieren.

Hier siehst du die Porträts von Lilo und Mara!

YAYOI KUSAMA

*(*1929)*

Die Frau mit dem exotischen Namen und der roten Perücke wuchs in Japan auf. Ihre Mutter war sehr streng und Yayois Leben nicht einfach. Schon als Kind litt sie an Schlafstörungen, Halluzinationen und hatte oft Angst. Halluzinationen sind Täuschungen der Sinne. Das bedeutet, dass Yayoi Dinge sah und hörte, die nicht existierten. Sie sah z. B. viele Punkte oder Lichtblitze und hörte die Blumenfelder um sich herum sprechen.

Leider wurde ihre geistige Krankheit nicht als solche erkannt und behandelt. Um damit klarzukommen, begann Yayoi zu malen. So konnte sie ihre Krankheit beherrschen. Sie wollte eine bekannte Künstlerin werden. Ihre Mutter fand das aber gar nicht gut und unterstützte sie kaum.
Mit fast 20 Jahren studierte sie gegen den Willen der Eltern an der Kunsthochschule in Kyoto. Obwohl es zu dieser Zeit in Japan noch sehr schwer war, als Künstlerin anerkannt zu werden und Erfolg zu haben, hatte Yayoi einige Ausstellungen. Sie wurde zwar bekannt, doch weitestgehend abgelehnt. Von den damaligen Bildern hat Yayoi einige zerstört, weil sie bessere Bilder malen wollte.

Yayoi war sehr ehrgeizig. Sie schrieb der bekannten amerikanischen Künstlerin Georgia O'Keeffe einen Brief und bat sie um Rat, wie sie eine erfolgreiche Künstlerin werden könnte. Georgia O'Keeffe vermittelte Yayoi Kontakte zu Galeristen in den USA, und Yayoi beschloss, in die USA zu gehen. Mit fast 30 Jahren zog Yayoi nach New York. Sie hatte wenig Geld und sprach kaum Englisch, aber sie arbeitet hart für ihren Erfolg. Sie malte

unzählige unförmige Kreise auf Leinwände und nannte diese Gemälde *Infinity Net Paintings* (unendliche Netzbilder).
Bald hatte Yayoi ihre ersten Gruppen- und Einzelausstellungen, die viel positive Kritiken bekamen. Auch in Europa wurde man auf Yayoi aufmerksam und organisierte Gruppenausstellungen in Deutschland, den Niederlanden und Italien.
Yayoi malte nicht nur Netzbilder. Sie füllte auch unendlich viele kleine Kissen und beklebte damit den Boden, Stühle oder Hüte. Die kleinen Kissen sahen aus wie Wurm-Aliens. Sie stattete ganze Räume mit Spiegeln und Lichtern aus und versah Leinwände mit vielen Punkten. Die Punktewerke nannte sie *Polka Dots* (Punktmuster). Die Punkte hörten nicht immer am Ende der Leinwand auf. Sie malte sie auf Wände, Möbelstücke oder ihre Kleidung. Manchmal wurden auch die Zuschauer zum Teil ihrer Kunst, und Yayoi ließ sie Punkte in weiße Räume kleben oder sich gegenseitig bemalen (bei sogenannten *happenings*).

Yayoi trat auch politisch auf und protestierte unter anderem gegen Krieg, Gewalt und für Menschenrechte. Mit Mitte 30, in den 60er-Jahren, war Yayoi in den USA und Europa sehr erfolgreich. Sie gründete mehrere Firmen, entwarf Mode, drehte einen Film und gab eine Zeitschrift heraus.

Leider verschlechterte sich Yayois Gesundheitszustand, und sie verließ New York, um wieder im ruhigeren Japan zu leben. Nach mehreren Krankenhausaufenthalten entschloss sie sich, dauerhaft in eine psychiatrische Klinik zu ziehen. Dort lebt und arbeitet sie bis heute. Sie schrieb Bücher, vertrat Japan bei der *Biennale* in Venedig (einer sehr bekannten Kunstausstellung) und hatte weltweit viele Ausstellungen. In dieser Zeit entstanden auch die ersten riesigen schwarz gepunkteten Kürbisse. Einige sind so hoch wie ein Mensch, und ein aufgeblasener Kürbis ist sogar so groß wie ein Haus.

Die bekanntesten Museen moderner Kunst zeigen ihre Werke. 2014 wurde eines davon, *White no. 28* (Weiß Nr. 28), für mehr als 6 Millionen Euro versteigert. 2017 eröffnete sie ihr eigenes Museum in Tokio. 2021 wurde sie von einem bekannten Magazin zum *Star von morgen* gewählt, obwohl sie mittlerweile schon über 90 Jahre alt ist.

EIN MUSTER zum Ausmalen

YAYOI KUSAMA kurz und knapp

Japanische Künstlerin
Farbenfrohe, fröhliche Gemälde mit vielen Details,
Installationen und *happenings*
#kürbisse, **#punkte**, **#modernekunst**

Hier findest du ihre Werke:
Yayois Werke kannst du vor allem im **Yayoi Kusama Museum** in **Tokio** bewundern.

Einige Werke finden sich auch im MoMA in New York (USA). Es gibt aber auch immer wieder Ausstellungen in verschiedenen Städten. Informationen dazu bekommst du auf ihrer Homepage unter: http://yayoi-kusama.jp (in Japanisch oder Englisch).

Pumpkins, 2013

YAYOI KUSAMA in Aktion

Wir basteln uns einen Kürbis à la Yayoi Kusama

Du brauchst:

- √ Helle **Modelliermasse** (lufttrocknend)
- √ Schnur oder dünnen Pinselstiel
- √ Pinsel und Wasser
- √ Farbe
- √ *Nice-to-have: schwarze Klebepunkte, schwarzer Filzstift*

Dieses Projekt muss über Nacht trocknen.

1. Wir formen einen Kürbis: Forme aus der Modelliermasse eine Kugel. Drücke die Kugel an der oberen Seite mit dem Finger leicht flach. Dort kommt der Stängel hin. Wenn die Form zu trocken wird, bepinsele die Kugel mit etwas Wasser. Dann lässt sie sich auch besser formen.

2. Drücke mithilfe eines dünnen Pinselstiels oder einer Schnur die typischen Kürbisausbuchtungen in die Form. Forme den Stängel (eine kleine Wurst) und bringe ihn an. Am besten bohrst du mit dem Pinselende vorsichtig ein Loch in den Kürbis, damit der Stängel besser hält. Lass den Kürbis über Nacht trocknen und aushärten.

3. Wenn der Kürbis trocken ist, kannst du ihn nach deinen Wünschen bemalen. Für den Kürbis nach Yayoi-Kusama-Art kannst du ihn mit Punkten bemalen oder Punkte aufkleben.

Hier siehst du den Kürbis von Julius und die Kürbissammlung von Theresa.

ROY LICHTENSTEIN

(1923–1997)

Roy Lichtenstein wurde vor ungefähr 100 Jahren in den USA geboren. Mit seinen Eltern und seiner jüngeren Schwester Renée verbrachte er eine glückliche Kindheit. Roy interessierte sich sehr für Kunst, Musik und Naturwissenschaften. Er lernte Klarinette- und Klavierspielen und nahm auch Zeichenkurse. Noch als Jugendlicher beschloss Roy, ein Künstler zu werden, und begann ein Kunststudium an der Ohio State University in den USA.

Leider brach während des Studiums der 2. Weltkrieg aus, und Roy musste als Soldat nach Europa. Er war in England und Frankreich stationiert und nahm auch an Kämpfen in Deutschland teil. Während des Krieges zeichnete er Landschaften und Porträts von anderen Soldaten. Nach Kriegsende konnte er sein Studium fortsetzen und abschließen.

Roy lernte die Galeristin Isabel Wilson kennen und heiratete sie 1949. Da war er 26 Jahre alt. Sie bekamen zwei Söhne, David und Mitchell. Die Familie lebte zunächst in Cleveland, weil Isabel dort einen guten Job bekam. Roy hatte noch keinen Erfolg mit seiner Kunst und übernahm unterschiedliche Gelegenheitsjobs. Er unterrichtete Zeichnen oder fertigte Entwürfe für Architekten an.

Die Familie Lichtenstein zog in die Nähe von New York, als Roy mit Mitte 30 einen Job als Junior-Kunstprofessor bekam. Roy reiste immer wieder nach New York, um Galeristen von seiner Kunst zu überzeugen. Er traf dort sogar einige bekannte Künstler wie Andy Warhol, traute sich aber nicht, sie anzusprechen.
Anfang der 60er-Jahre fing Roy an, die für ihn später so typischen großen Comicbilder zu malen. Dafür vergrößerte er mithilfe eines Projektors Comicbilder, die er aus Zeitungen oder Zeitschriften ausschnitt. Die projizierten Bilder waren mehrere Meter groß und leicht verändert.

Die Comics waren neben Schwarz und Weiß meist nur in den drei Primärfarben gemalt: Gelb, Rot und Blau.
Einen Teil des Bildes, wie die Haut der Menschen, den Hintergrund oder einen Teil einer Maschine malte er immer in sogenannten Rasterpunkten. Wenn man diese Punkte aus großer Entfernung betrachtet, schmelzen sie zu einer farbigen Fläche zusammen. Nach dem gleichen Prinzip funktionieren heute Drucker oder Computer: Viele kleine Punkte ergeben ein Bild.

Anfänglich zeigten seine Werke meist Kriegshandlungen, z. B. einen Flugzeugabschuss. Bekannt wurden aber auch seine großen Comicbilder mit Frauen. Die Frauen auf seinen Bildern waren immer blond, schön und wirkten hilflos. Seine Comicbilder machten Roy erfolgreich. Die erste Galerie nahm ihn unter Vertrag und organisierte Ausstellungen in vielen Städten in den USA und Europa. Roy trennte sich von seiner Frau und heiratete Dorothy Herzka.

Roy begann, Werke bekannter Künstler wie Gustav Klimt oder Pablo Picasso in seinem Stil zu malen. Er wurde immer erfolgreicher. Das bekannte Kunstmuseum Tate Gallery of Modern Art (kurz Tate Modern) in London kaufte sein Werk *Whaam!*. Zu seinen Ehren zeigte das Museum die allererste Ausstellung eines lebenden Künstlers.

In den folgenden Jahren malte Roy eine Reihe großer Pinselstriche auf Leinwände (Brushstrokes), entwarf riesige Wandbilder, fertigte Keramiken und Skulpturen in seinem bekannten Stil an, bekam viele Auszeichnungen und Ehrendoktorwürden. Er designte sogar einen Rennwagen für BMW. Sein Bild *Big Painting No. 6* wurde 1970 auf einer Auktion für 75 000 Dollar verkauft. Es war damals das teuerste Werk eines lebenden Künstlers. 19 Jahre später wurde sein Werk *Torpedo... Los!* schon für 5,5 Millionen Dollar verkauft.

Als Roy 1997 überraschend an den Folgen einer Lungenentzündung starb, hinterließ er über 5000 Gemälde, Drucke, Skizzen, Skulpturen und Wandbilder. Er wurde 73 Jahre alt.

ROY LICHTENSTEIN zum Ausmalen

M-Möglicherweise (Bild eines Mädchens)

ROY LICHTENSTEIN kurz und knapp

US-amerikanischer Maler und Bildhauer
Kunststil: Pop-Art
Riesengroße Comics in knalligen Farben
Motive: Frauen, Heldentaten
#popart, #rasterpunkte, #comics

Hier findest du seine Werke:

Roys Werke findest du auf der ganzen Welt: in vielen europäischen Ländern, aber auch in Japan oder dem Iran.
Die größte Auswahl seiner Werke gibt es in den USA, z. B. im **Museum of Modern Art (MoMA)** in **New York**, im Broad Museum in L. A. oder auch in der National Gallery of Art Washington, D. C.
In Deutschland u. a.:

- Im Ludwig Forum (Aachen)
- Im Museum für Moderne Kunst (MMK, Frankfurt am Main)
- Die größte europäische Sammlung hat das Museum Ludwig (Köln)

In der Schweiz im Museum Fondation Beyeler (Basel)

In Österreich:

- In der Albertina (Wien)
- Im Museum Moderner Kunst Stiftung Ludwig Wien (mumok)

M-Möglicherweise (Bild eines Mädchens), 1965

PORTRÄTVORLAGE

Wir verwandeln ein Foto in ein gemaltes Porträt

Die Porträtvorlage kannst du für die Projekte mit Roy Lichtenstein, Frida Kahlo und Vincent van Gogh nutzen.

Du brauchst:

- √ **Transparentpapier**
- √ Kopierer
- √ ein ausgedrucktes Foto deines Gesichts (ca. in A4)
- √ Bleistift
- √ schwarzer Filzstift

1. Lege das Transparentpapier auf dein Foto. Je größer das Foto (bis A4), desto leichter kannst du es abzeichnen. Zeichne mit dem Bleistift folgende Linien nach: Nasenlöcher, Augen, Augenbrauen, Mund und Ohren. Umrande deinen Hals, deine Haare und deine Anziehsachen.

2. Zeichne die Bleistiftlinien mit dickem schwarzen Filzstift nach. Kopiere das Bild. Fertig ist deine Porträtvorlage.

ROY LICHTENSTEIN in Aktion

Wir verwandeln uns in ein Porträt von Lichtenstein

Du brauchst:

√ Vorlage der Hochhäuser und Sprechblasen auf S. 89 und 91
√ Deine Porträtvorlage
√ Dickes Papier
√ Kopierer
√ Filzstifte (gelb, rot und blau)
√ Schwarzen Filzstift
√ Schere und Kleber
√ *Nice-to-have: Punkte-Schablone*

1. Kopiere die Vorlage der Hochhäuser und eine der Sprechblasen auf Papier und schneide sie aus. Male die Hochhäuser in Gelb, Rot und Blau aus. Nimm das dicke Papier und male die obere Hälfte blau an. Das wird der Hintergrund. Wir haben dazu die Punkte-Schablone benutzt.

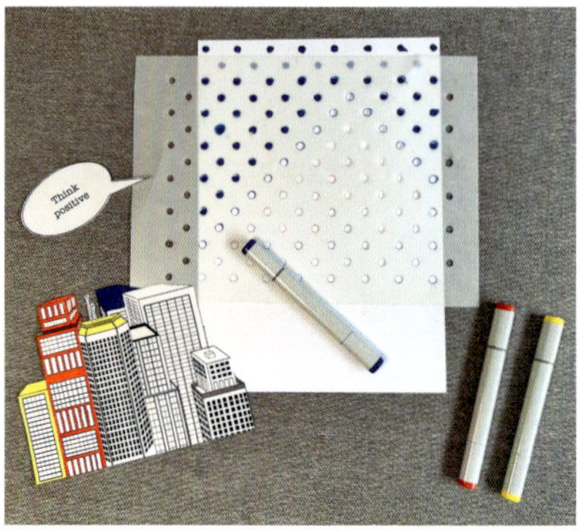

2. Nimm deine Porträtvorlage und male deine Haut mit vielen kleinen roten Punkten aus. Das geht mit einem Filzstift mit rundem Ende am leichtesten. Setze die roten Punkte bei deinen Lippen noch enger zusammen. Male deine Haare gelb und die Kleidung in Gelb, Blau und Rot. Tipp: Um den Roy-Lichtenstein-Effekt zu bekommen, haben wir noch schwarze Strähnen ins Haar eingefügt.

3. Schneide dein angemaltes Bild aus. Fahre die Außenlinien mit dickem schwarzen Filzstift nach. Ordne die Hochhäuser, Sprechblasen und dein Porträt auf dem Hintergrund an und klebe sie dann fest. Umrande die Sprechblasen zum Schluss schwarz. Wir haben den unteren Hintergrund noch schwarz ausgemalt.

Hier siehst du das Porträt von Hanna.

PIET MONDRIAN

(1872–1944)

Pieter Cornelis Mondrian, genannt Piet, wuchs als zweites von fünf Kindern in den Niederlanden auf. Seine Mutter war häufig krank, darum musste seine Schwester schon mit acht Jahren den Haushalt führen. Sein Vater war Lehrer und konnte sehr gut zeichnen. Schon früh zeigte sich, dass Piet dessen künstlerische Begabung geerbt hatte. Auf Wunsch des Vaters wurde Piet Zeichenlehrer. Direkt nach dem Berufsabschluss schrieb er sich dann aber an der Kunstschule in Amsterdam für das Kunststudium ein.

Als Piet 18 Jahre alt war, stellte er seine Kunstwerke erstmals in einer Gruppenausstellung in Den Haag aus. Die Kritiken waren durchweg positiv. Er malte Landschaften, Blumen und Porträts im damaligen Stil. Sein Atelier hatte er auch in diesem Stil eingerichtet: Es war sehr gemütlich, hatte schwere Teppiche und alte Möbel.
Um Geld zu verdienen, fertigte Piet Porträts für reiche Bürger an und gab deren Töchtern Zeichenunterricht. Bald hatte er einen großen Kundenkreis wohlhabender Bürger.

Piets Bilder veränderten sich mit der Zeit. Er begann, mit Farben und Formen zu experimentieren. Seine Bilder wurden bunt, seine Bäume und Gebäude rot und blau und rosa. Er änderte auch sein Atelier. Es bekam einen schwarzen Boden, weiße Wände und farbenfrohe Gemälde. Leider verkauften sich seine neuen Werke nur schlecht, und Piet musste weiter Blumen und Landschaften im alten Stil malen, um genug Geld zu verdienen.

Mit Ende 30 beschloss Piet, nach Paris zu ziehen. Seine Bekanntheit in Paris und Deutschland wuchs, und er war auf einigen Ausstellungen vertreten. 1914, mit 42 Jahren, bekam er seine erste Einzelausstellung in den Niederlanden.

Nach dem 1. Weltkrieg änderte sich Piets Malstil ein drittes Mal. Piet versuchte, die Kunst zu vereinfachen. Er wollte nur noch klare Farben und Formen zeigen und seine Kunst auf diese Weise zeitlos machen. Sie sollte auch in 100 Jahren nicht altmodisch wirken. Neben Weiß und Schwarz wählte Piet dazu die Primärfarben Gelb, Rot und Blau als Grundlage aller Farben. Auch sein Atelier richtete er wieder ganz neu ein: Es war ein großer weißer Raum mit Kartonquadraten in Gelb, Rot und Blau an den Wänden. Leider verkauften sich auch diese neuen Werke nur schlecht, und Piet musste weiter Blumenbilder malen. Seine Kartonquadrate sollten später als Mondrianquadrate bekannt werden.

Mit Mitte 50 wuchs sein Erfolg. Er stellte in vielen Städten aus, darunter Amsterdam, Wien, Paris und New York, und verkaufte einige seiner Gemälde an verschiedene Sammler in Deutschland, der Schweiz und den Niederlanden.
Auch in den USA wurde Piet nun bekannter. Er hatte viele Ausstellungen, und junge Künstler sahen ihn als Vorreiter der abstrakten Kunst. So nennt sich Kunst, die keine Gegenstände zeigt.

In Deutschland kamen die Nationalsozialisten an die Macht, die Piets Werke ablehnten und aus den deutschen Museen entfernen ließen. Piet war darüber sehr traurig. Er flüchtete 1938 nach London und 1940 schließlich in die USA. Schon zwei Jahre später hatte er dort seine erste Einzelausstellung, die viele positive Kritiken bekam. Andere Ausstellungen folgten. Piet konnte viele seiner neuen Werke verkaufen.

Leider machte ihm seine angeschlagene Gesundheit zu schaffen. Noch in Paris hatte er immer wieder unter Bronchitis und chronischer Erschöpfung gelitten. Zu Beginn des Jahres 1944 wurde Piet todkrank in seinem Atelier gefunden. Er starb einige Tage später mit 72 Jahren an einer Lungenentzündung. Sein letztes Werk, *Victory Boogie Woogie*, an dem er zwei Jahre lang gearbeitet hatte, konnte er nicht beenden.

PIET MONDRIAN zum Ausmalen

Victory Boogie Woogie

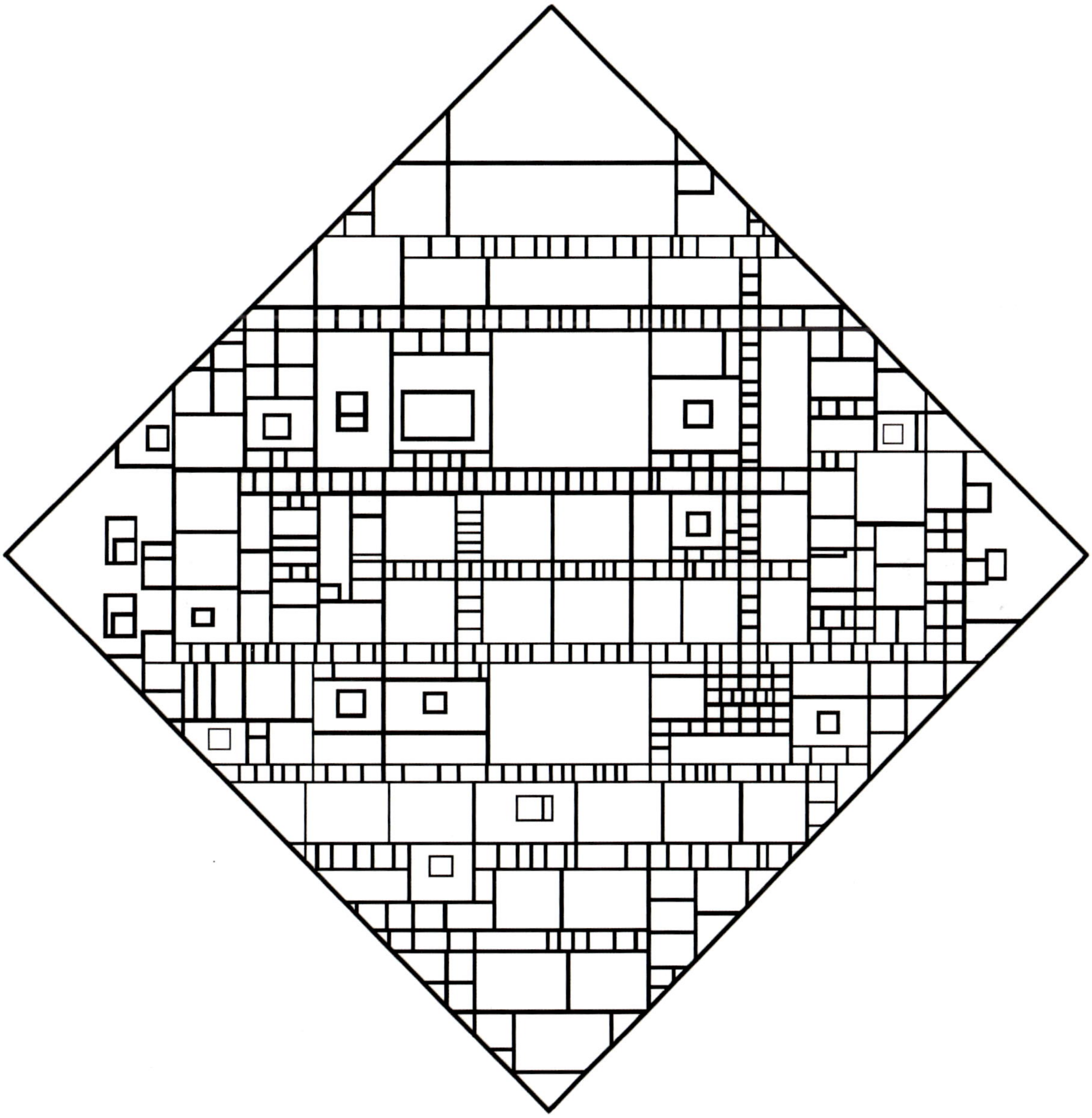

PIET MONDRIAN kurz und knapp

Niederländischer Maler
Geklebte und in Primärfarben gemalte Quadrate
mit horizontalen und vertikalen Linien
#abstraktemalerei, #mondrianquadrat

Hier findest du seine Werke:

Piets Freund und Förderer Sal Slijper stiftete die von ihm gekauften Werke Mondrians nach seinem Tod 1971 dem **Gemeentemuseum** in **Den Haag**. Es besitzt dadurch mit mehr als 280 Gemälden und Skizzen die größte Mondrian-Sammlung der Welt. Einige seiner Werke findest du auch im Stedelijk Museum in Amsterdam.

In Deutschland u. a.:

- *Komposition mit Blau, Schwarz, Gelb und Rot (1922)* in der Neuen Nationalgalerie (Berlin)
- In der Staatsgalerie Stuttgart

In der Schweiz u. a.:

- Im Museum Fondation Beyeler (Basel)
- Im Kunsthaus Zürich

In Österreich im mumok (Wien)

Victory Boogie Woogie (unvollendet), 1942–1944

Komposition mit großem roten Flugzeug, gelb, schwarz, grau, blau, 1921

PIET MONDRIAN in Aktion

Wir gestalten ein Mondrianviereck

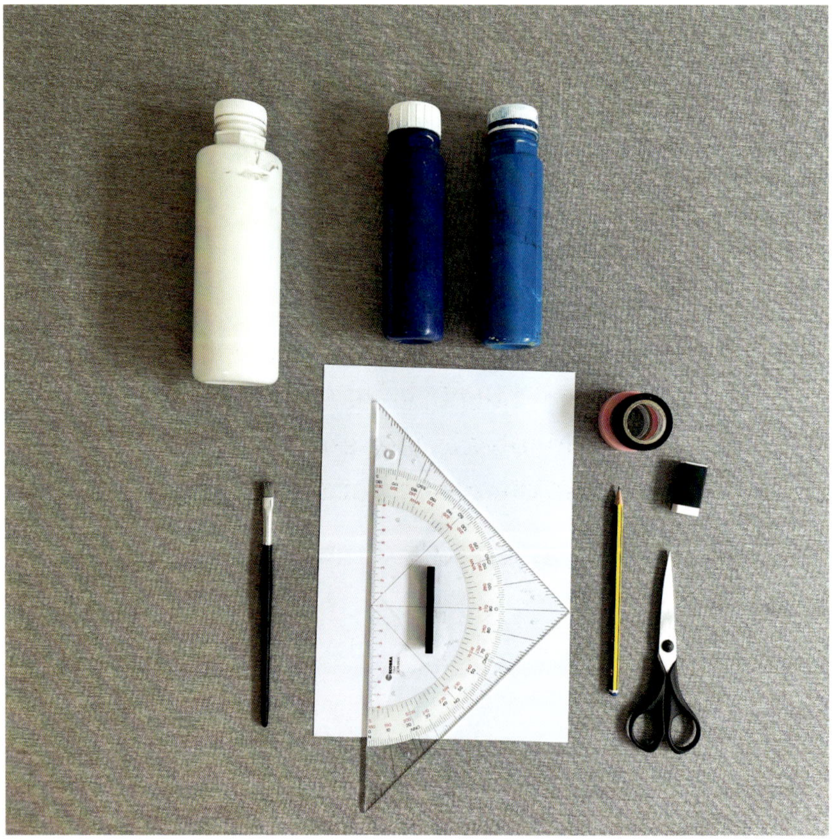

Du brauchst:

- √ **Washi-Tape** (*wir haben Schwarz und Rosa verwendet*)
- √ Farbe (wir haben Abtönfarbe benutzt)
- √ Bleistift, Radiergummi
- √ Schere
- √ Geodreieck
- √ Dickes Papier oder Leinwand

1. Zeichne mithilfe des Geodreiecks und des Bleistifts Linien auf das Papier, sodass sich unterschiedliche Vierecke ergeben.

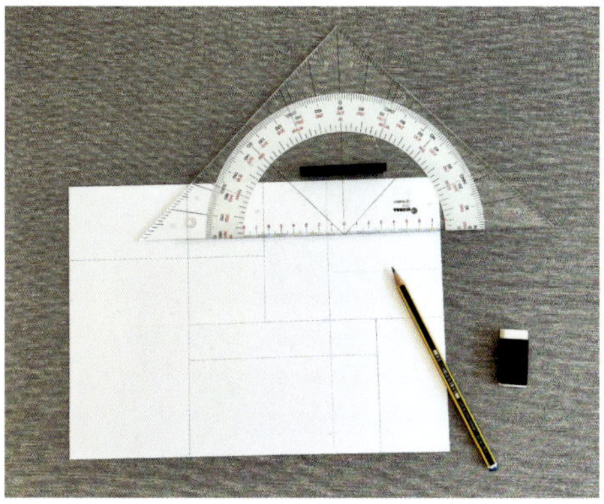

2. Male die Vierecke aus. Wir haben uns dabei auf eine Farbfamilie (z. B. alles in Blautönen) beschränkt. Wenn du dein Werk ganz im Stil Piet Mondrians erstellen möchtest, verwende nur die Farben Weiß, Gelb, Rot, Blau und Schwarz. Lass die Farbe gut trocknen.

3. Klebe die Linien mit Washi-Tape nach. An den Rändern kannst du das Washi-Tape abschneiden, am Blattende nach hinten umkleben. Wenn das Washi-Tape nicht gut deckt, klebe es doppelt.

Oben siehst du Clara und Martha bei der Herstellung ihrer Mondrian-Werke.

Amazing Grace, 2003

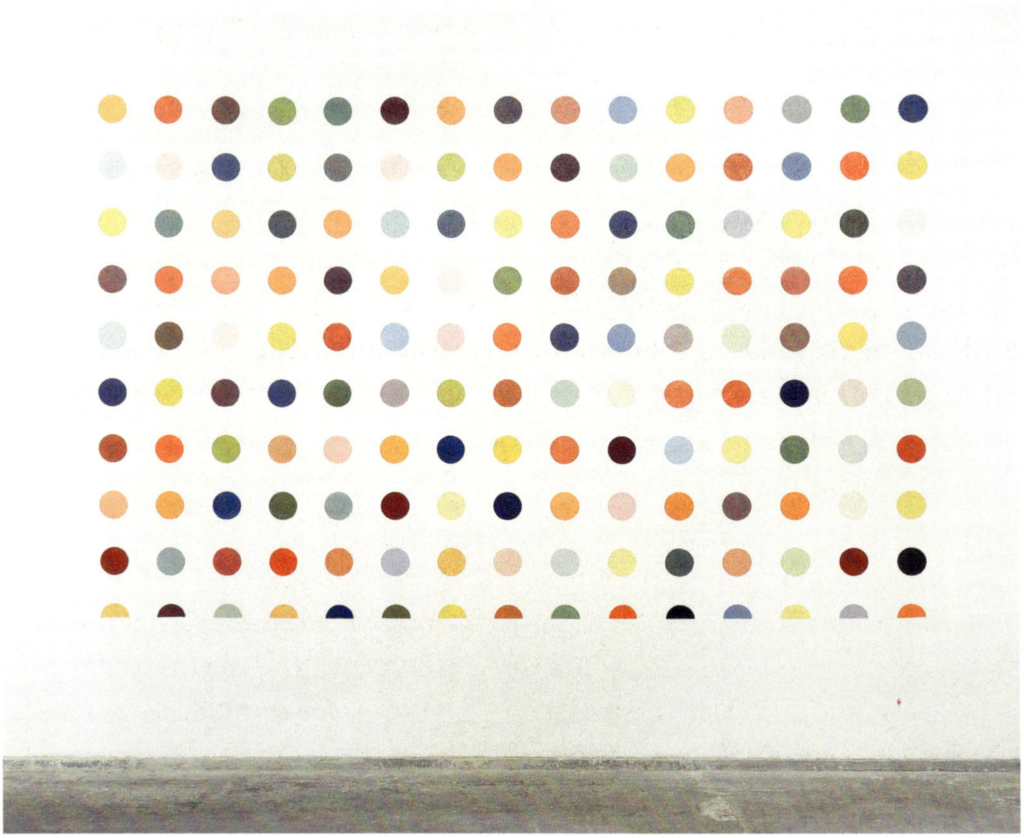

Row, 1988

DAMIEN HIRST

(*1965)

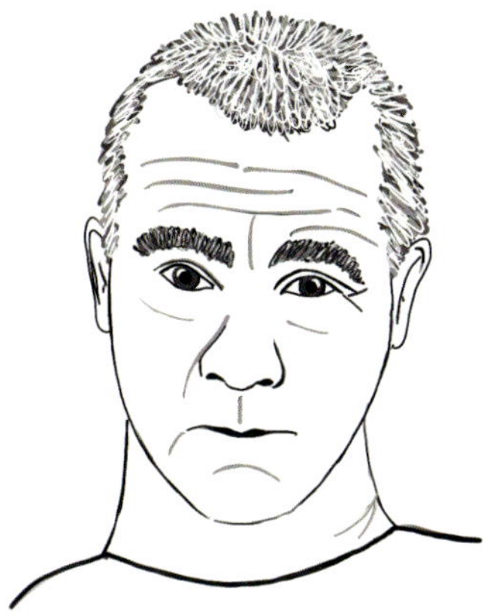

Damien Hirst wuchs in den 70er-Jahren in Leeds, einer Stadt in England, auf. Schon früh interessierte er sich für Kunst, aber auch für den Tod. Als Jugendlicher ging er oft in das Anatomieinstitut der Universität – das ist der Bereich, in dem Medizinstudenten sich mit dem Körper des Menschen beschäftigen. Dort malte er Tote oder einzelne Körperteile.

Damien besuchte erst eine Kunstschule in Leeds, bevor er mit Anfang zwanzig Kunst an der Goldsmiths University in London studierte. Nebenbei arbeitete er in einer Galerie für zeitgenössische Kunst. Das ist Kunst von noch lebenden Künstler:innen. So konnte Damien den Kunstmarkt kennenlernen.

Noch während des Studiums organisierte Damien eine Kunstausstellung namens *Freeze* (Einfrieren) mit anderen Studenten:innen. Die Ausstellung fand viel Beachtung. Die Gruppe der Künstler:innen nannte sich *Young British Artists* (Junge Britische Künstler). Bekannt wurden seine Medizinschränke, die er als Kunstwerke ausstellte. Sie waren gefüllt mit Medizinfläschchen und -verpackungen, die nach Farben sortiert und in Gruppen angeordnet waren. Der Medizinschrank seiner Oma hatte Damien auf die Idee zu diesen Werken gebracht.

Galerien und Förderer wurden auf Damien aufmerksam. Bekannt wurde er in den folgenden Jahren mit teils schockierenden Ausstellungen. Er zeigte Vitrinen mit Zigarettenstummeln oder tote Tiere in riesigen Becken, die sich dank einer Flüssigkeit (Formaldehyd) nicht zersetzten. Auf diese Weise stellte Damien tote Schafe, Rinder oder auch einen Hai aus. Der Hai bekam so viel Aufmerksamkeit, dass Damien für den bedeutendsten britischen Kunstpreis, den Turner-Preis, nominiert wurde. Er erhielt den Preis schließlich 1995, als er 30 Jahre alt war.

Viel Aufmerksamkeit bekamen auch seine Bilder, bestehend aus bemalten Schmetterlingsflügeln, die an Kirchenfenster oder Kaleidoskope erinnern. In einigen Ausstellungen schlüpften Schmetterlinge live aus Kokons, die auf Leinwände geklebt waren, und flogen um die Besucher herum.

Von der Kunstwelt geliebt wurden seine *Spots*-Bilder: Bilder mit großen Punkten, bei denen kein Punkt die gleiche Farbe hat. Damien und seine Mitarbeiter stellten Hunderte von diesen Bildern in unterschiedlichsten Größen her.

2007 verzierte Damien einen Totenkopf mit mehr als 8600 perfekt geschliffenen Diamanten und einem sehr großen einzelnen Diamanten auf der Stirn. Allein die Herstellung kostete ein Vermögen. Der Totenschädel wurde für über 75 Millionen Euro versteigert. Ein Jahr später ließ Damien beim Aktionshaus Sotheby's 240 seiner Werke für mehr als 140 Millionen Euro verkaufen.

Bis heute zeigen viele Museen und Galerien auf der ganzen Welt Einzelausstellungen von Damien Hirst. Er ist einer der bekanntesten und wohlhabendsten lebenden Künstler.

DAMIEN HIRST kurz und knapp

Englischer Bildhauer, Maler, Konzeptkünstler
Schockierende Installationen, Medizinschränke,
Collagen aus Tierflügeln und
bunte Punkte-Bilder in Serienfertigung
#formaldehyd, #spots, #kaleidoskope

Hier findest du seine Werke:
Damiens Werke werden in der **Newport Street Gallery** in **London** gezeigt. Der Eintritt ist frei.
Damien ist auch in den sozialen Medien aktiv. Du kannst ihn und seine Werke unter anderem auf Instagram bewundern.

SCHMETTERLINGE & KÄFER

zum Ausmalen

DAMIEN HIRST in Aktion

Wir erstellen ein Spots-Gemälde

Du brauchst:

- √ **Keilrahmen** oder festes Papier (wir haben einen Keilrahmen in 40 × 50 cm benutzt)
- √ Farbe (wir haben Abtönfarbe benutzt)
- √ Schere und Kleber
- √ 12 ausgeschnittene Kreise
- √ Lineal oder Geodreieck
- √ *Nice-to-have: leere Bierdeckel statt der Kreise*

1. Lege großflächig Zeitungspapier als Unterlage aus. Grundiere den Hintergrund des Keilrahmens, d. h., du bemalst den Keilrahmen weiß. Lass ihn trocknen.

2. Schneide für eine Leinwand mit den Maßen 40 × 50 cm zwölf gleich große Kreise aus. Du kannst ein Glas als Vorlage für die Kreise nehmen. Wir haben leere Bierdeckel mit einem Durchmesser von 9 cm benutzt. Male jeden einzelnen Kreis oder Bierdeckel in einer anderen Farbe an. Mische dazu die Farben. Lass die Kreise / Bierdeckel trocknen.

3. Lege die Kreise / Bierdeckel erst einmal auf die Leinwand und ordne sie nach Farben so an, wie sie dir am besten gefallen. Ordne die Kreise so an, dass sie ungefähr den gleichen Abstand zueinander haben. Bei unserer Leinwand haben die Kreise einen Abstand von ca. 3 cm zu den Seitenrändern. Wenn du mit der Anordnung zufrieden bist, klebe die Kreise fest.

Hier siehst du Theresa und Lilly mit ihren *Spots*-Gemälden.

Hier siehst du Charlotte sowie Clara und Martha mit ihren Mondrian-Werken.

GABRIELE MÜNTER

(1877–1962)

Gabriele Helene Henriette Münter wurde in Berlin als jüngstes von vier Kindern geboren. Alle nannten sie nur Ella. Als sie 20 Jahre alt war, starb ihre Mutter, nachdem ihr Vater bereits 11 Jahre zuvor verstorben war. Doch die Eltern hinterließen Ella und ihren Geschwistern ein Erbe, von dem sie leben konnten.

Ella konnte gut zeichnen. Deshalb entschloss sie sich mit 24 Jahren, nach München zu gehen und dort Kunst zu studieren. In München wurde sie vom russischen Künstler Wassily Kandinsky unterrichtet. Wassily Kandinsky sollte später ein sehr bekannter Maler werden. Wassily hatte einen großen Einfluss auf Ella. Er erkannte ihr Talent und förderte sie.

Auf einem Malausflug kamen sie sich näher und verliebten sich. Sie mussten ihre Liebe aber geheim halten, denn Wassily war verheiratet. Um ungestört beieinander sein zu können, reisten sie viel, unter anderem nach Italien, Tunesien und Frankreich. Dort malten sie zusammen.

Nachdem Ella und Wassily mehrere Jahre viel unterwegs waren, ließen sie sich in Murnau am Staffelsee, unweit von München, nieder. Ihre russischen Malerfreunde Alexej von Jawlensky und Marianne von Werefkin kamen oft nach Murnau, wo sie zusammen arbeiteten. Ella malte gerne direkt in der Natur. Weil es ihr in Murnau so gut gefiel, kaufte sie sich ein Haus und empfing dort viele Gäste: Kunstsammler, Kritiker und Malerfreunde. Da sie auch viele russische Freunde hatte, wurde das Haus «Russenhaus» genannt.
Die neue Kunst von Ella, Wassily und ihren Malerfreunden bestand darin, die Dinge so zu malen, wie sie sie empfanden, nicht wie man sie

wirklich sah. Man nennt diesen Kunststil *Expressionismus*. Ellas gemalte Wiesen waren deshalb nicht nur grün, sondern z. B. rot, wenn die Wiese viel Kraft ausstrahlen sollte. Die Bilder waren ohne viele Details gemalt und die Farben großflächig aufgetragen. Die Leute verstanden diese neue Darstellung nicht, und die Künstler:innen bekamen viele schlechte Kritiken.

Wassily freundete sich mit dem Künstler Franz Marc an. Zusammen verfassten sie ein Buch mit Texten und Bildern der neuen Kunst, die sie *Der Blaue Reiter* nannten, und gründeten eine Künstlervereinigung mit gleichem Namen. Die Maler dieser Gruppe sollten später als *Blaue Reiter* in die Geschichte eingehen. Mit Mitte 30 hatte Ella mit ihrer Kunst langsam Erfolg. 1913 bekam sie ihre erste Einzelausstellung in Berlin mit 84 Gemälden. Eine etwas kleinere Einzelausstellung folgte in München.

1914 brach der 1. Weltkrieg aus. Da Deutschland im Krieg unter anderem auch gegen Russland kämpfte, mussten Wassily, Alexej und Marianne Deutschland sofort verlassen. Wassily reiste zurück nach Russland und verschwand aus Ellas Leben. Er antwortete ihr auf keinen ihrer Briefe. Später erfuhr sie, dass er eine junge Russin geheiratet hatte, und war am Boden zerstört. Sie hörte sogar auf zu malen. Das änderte sich erst, als sie Johannes Eichner kennenlernte. Nach drei Jahren Freundschaft wurden sie ein Paar und zogen zusammen nach Murnau. Lustigerweise duzten sie sich ihr Leben lang nicht, sondern nannten sich Mü und Ei. Ella wurde fröhlicher und begann, wieder zu zeichnen und zu malen.

Die beiden verbrachten 30 Jahre zusammen, bis Johannes überraschend starb.

Ella lebte bis zu ihrem Tod 1962 noch zurückgezogener. Doch ihr Ruf in der Kunstwelt wuchs. Ella besaß sehr viele Werke von Wassily und den anderen Mitgliedern des *Blauen Reiters*. Anlässlich ihres 80. Geburtstags stiftete sie diese Bilder und zahlreiche ihrer Werke der Städtischen Galerie im Lenbachhaus in München. Sie gründete eine Stiftung, die Gabriele Münter- und Johannes Eichner-Stiftung, und hinterließ ihr die restlichen Werke und das Haus in Murnau, das heute ein Museum ist.

GABRIELE MÜNTER zum Ausmalen

Am Starnberger See

GABRIELE MÜNTER **kurz und knapp**

Deutsche Malerin
Mitglied bei **Der Blaue Reiter**
Kunstrichtung: Expressionismus
Farbenfrohe Werke mit schwarzen Umrandungen und wenig Details
#blauerreiter, #murnau, #kandinsky

Hier findest du ihre Werke:

Wenn du die Werke von Ella einmal im Original sehen möchtest, lohnt sich der Ausflug zum **Lenbachhaus** in **München**. Dort erfährst du auch viel über die Mitglieder des *Blauen Reiters* und kannst Werke von Wassily Kandinsky und ihren Freunden Alexej von Jawlensky, Marianne von Werefkin oder Franz Marc bewundern.
Du kannst aber auch das *Russenhaus* in Murnau besuchen und sehen, wie Ella dort wohnte. Das Schlossmuseum in Murnau zeigt auch einige Werke der Künstlerin. Ellas Werke hängen aber auch in anderen Museen, z. B. in der Hamburger Kunsthalle oder im MoMA in New York.

Am Starnberger See, 1908

GABRIELE MÜNTER in Aktion

Wir basteln eine Karte im Gabriele-Münter-Stil

Du brauchst:

√ **Buntes Papier** (Tonpapier)
√ Dickes Papier A4
√ Schwarzen Filzstift
√ Schere und Kleber
√ Bleistift und Radiergummi

1. Knicke das dicke Papier einmal in der Mitte. Überlege dir, welche Landschaft du auf der Karte zeigen willst, z. B. deinen Garten oder eine Landschaft mit Himmel und Bergen. Du kannst dir auch ein Landschaftsfoto zur Hand nehmen und es nachgestalten. Überlege dir einfache Formen für Bäume, Büsche und Berge und zeichne die Formen auf die bunten Papiere. Du kannst dafür deine Lieblingsfarben benutzen und musst dich nicht an die Natur halten – blaue oder lila Bäume, zum Beispiel. Wenn du viele gleiche Bäume kleben willst, erstelle dir eine Vorlage.

2. Schneide einen Hintergrund und die unterschiedlichen Formen aus und umrande sie mit schwarzem dickem Filzstift.

3. Ordne deine Formen auf dem Hintergrund an und klebe sie erst danach fest. Wenn du möchtest, kannst du mit schwarzem Stift ein paar Details einfügen. Klebe das fertige Bild auf das dicke Papier.

BANKSY

(* ?)

Es gibt einen Künstler, der sich Banksy nennt. Vielleicht ist es auch eine Künstlerin. Oder eine Gruppe von Künstlern. Das wissen wir nicht. Es gibt keine Fotos von Banksy, und so weiß auch niemand, wie Banksy aussieht. Wir wissen auch nicht, wie Banksy mit richtigem Namen heißt. Das Einzige, was wir von ihm oder ihr kennen, sind seine / ihre Kunstwerke.[1]

Banksy ist ein Graffiti-Künstler. Mithilfe von Schablonen, die er vorher anfertigt, sprüht Banksy seine Kunstwerke an Wände. Pro Schablone wird nur eine Farbe verwendet. Soll das Kunstwerk bunt sein, müssen deshalb mehrere Schablonen verwendet und genau übereinandergelegt werden. Banksys erste Kunstwerke entdeckte man in den 90er-Jahren in Bristol und London (in England). Heute findet man sie auf der ganzen Welt, neben England vor allem in den USA, Israel und in verschiedenen europäischen Städten.

Viele Graffiti-Künstler sprühen oder malen ihre Werke auf der Straße an Mauern, Häuser oder Züge. Diese Kunst wird deshalb auch Street-Art genannt; das ist Englisch und bedeutet Straßenkunst. Leider gehören diese Mauern, Häuser oder Züge anderen Menschen, die die Graffitis meist nicht wollen. Deshalb ist Street-Art auch verboten. Wenn man erwischt wird, muss man eine Geldstrafe zahlen und das Graffiti entfernen. Auch Banksy sprüht an fremde Wände, ohne vorher die Erlaubnis dafür bekommen zu haben. Deshalb benutzt er wahrscheinlich auch den Künstlernamen Banksy und unterschreibt das Kunstwerk nicht mit seinem richtigen Namen. Die Kunstwerke entstehen meist über Nacht. So bekommt niemand etwas mit.
Mittlerweile sind Banksys Graffiti-Kunstwerke so berühmt, dass er

1 Um das Lesen zu vereinfachen, gehen wir im folgenden Text davon aus, dass Banksy ein Mann ist.

nicht mehr fürchten muss, eine Strafe für seine Graffitis zahlen zu müssen. Trotzdem bleibt Banksy weiterhin anonym. Das macht ihn geheimnisvoll und noch interessanter. 2007 war Banksy als bester britischer neuer Künstler für den Turner-Preis nominiert. Banksy erschien aber nicht. Sonst würden wir jetzt wissen, wer er ist.

Dadurch, dass seine Werke auf Gebäuden oder Mauern gesprüht sind, sind sie nur schwer verkäuflich. Dafür kann sie jeder anschauen, ohne Eintritt zahlen zu müssen.
Manchmal sprüht oder malt Banksy aber auch auf Leinwände, und das Werk wird dann für sehr viel Geld verkauft. Das Geld spendet er meistens für gute Zwecke. 2020, mitten in der Coronakrise, schickte Banksy sein gemaltes Werk *Game Changer* (Veränderer) zum Beispiel einem englischen Krankenhaus. Es war den Krankenschwestern und Krankenpflegern gewidmet, die wegen der Krise so schrecklich viel arbeiten mussten. Es wurde für mehr als 19 Millionen Euro versteigert und der Erlös dem britischen Gesundheitssystem gespendet.

Banksy sprüht nicht nur einfach schöne Motive an Wände und Häuser. Seine Werke sollen auch zum Nachdenken anregen. Er macht mit seinen Motiven deutlich, was er nicht gut findet. Er kritisiert z. B. Krieg und Gewalt oder den Umgang mit Flüchtlingen.

Banksy schafft es immer wieder, neu auf sich aufmerksam zu machen. Eines seiner bekanntesten Werke ist die Abbildung eines Mädchens mit einem Luftballon. Es heißt deshalb auch *Girl with Balloon* (Mädchen mit Ballon). 2018 wurde das Werk, das auf Leinwand gesprüht war und in einem dicken Rahmen hing, für mehr als eine Million Euro versteigert. Nachdem es bei der Versteigerung seinen Besitzer gewechselt hatte, rutschte die Leinwand plötzlich innerhalb des Rahmens herab und kam darunter zu Papierstreifen geschreddert

Shop till you drop

BANKSY zum Ausmalen

Flower Thrower (Blumenwerfer)

wieder heraus. Im Rahmen war ein Aktenvernichter verborgen! Viele denken, dass sich Banksy so über den Verkauf von Kunst lustig gemacht hat. Dem Wert des Bildes hat es nicht geschadet. Es wurde noch teurer und bekam auch einen neuen Namen: *Love is in the Bin* (Liebe ist im Papierkorb).

Hier findest du seine Werke:
Es gibt viele kostenpflichtige Shows und Ausstellungen von nachgemachten Banksy-Kunstwerken. Weil er seine Identität nicht enthüllt, darf auch jeder seine Kunstwerke kopieren oder nachahmen.
Auf Banksys offizieller Website kann man seine Werke bewundern: http://www.banksy.co.uk. Auf YouTube hat Banksy ein paar Videos eingestellt.
Einen echten Banksy kannst du in mehreren europäischen Städten finden. Es gibt verschiedene Internetseiten, die dir zeigen, wo du Banksys Kunstwerke bewundern kannst. Es gibt aber auch viele andere fantastische Street-Art-Künstler. Schau dich einfach einmal in deiner Umgebung um.

Flower Thrower

BANKSY in Aktion

Wir sprühen

Du brauchst – für kleinere Kinder:

√ Eine **alte Zahnbürste** und Wasserfarben oder **Pustestifte** (Airbrush Pens)
√ Die Vorlage von S. 90 oder irgendeine Schablone
√ Dickes Papier
√ Schere
√ Klebeband, das sich leicht von Papier löst (Malerkrepp)
√ Altes Zeitungspapier als Unterlage
√ *Nice-to-have: Bastelskalpell, Gummiunterlage, Lineal*

1. Erstelle deine Schablone: Kopiere die Vorlage von S. 96 auf Papier und schneide die einzelnen schwarzen Buchstaben aus. Du kannst auch jede beliebige andere Vorlage benutzen. Achte darauf, dass du nur die Buchstaben ausschneidest und nicht in die weiße Fläche schneidest. Du kannst dafür eine Nagelschere oder ein Bastelskalpell **(Achtung: scharf!)** benutzen.

Lege großflächig Zeitungspapier als Unterlage aus. Klebe deine Schablone mit dem Klebeband auf dickes Papier fest, damit sie nicht verrutscht.

Hier siehst du Philipp beim Vorbereiten der Schablone.

2. Wenn du eine Zahnbürste verwendest: Reibe die Zahnbürste durch die Farbe. Streiche dann mit dem Finger immer wieder über die Bürste, sodass die Farbe auf die Schablone spritzt.
Wenn du Pustestifte benutzt: Puste mit den Pustestiften die Farbe auf deine Schablone. Am besten funktioniert es, wenn du dich über das Blatt beugst. Du kannst auch verschiedene Farben für dein Bild benutzen. Probiere dich aus!
Ziehe das Klebeband vorsichtig ab und nimm die Schablone vom Papier.

Die coole Alternative für größere Kinder – wir werden Street-Artist!
Du brauchst:

- √ Die Vorlage von S. 90 oder irgendeine Schablone
- √ Bastelskalpell, Lineal und Gummiunterlage
- √ Malerkrepp
- √ **Sprühkreide** (wir haben Sprühkreide von Elliot benutzt)

1. Erstelle die Schablone wie oben in Schritt 1 beschrieben. Klebe diese mit dem Malerkrepp auf den Gehweg (oder eine andere Fläche draußen, die vom Regen abgewaschen wird).

2. Nimm die Sprühkreide und sprühe in einem Abstand von ca. 10 cm auf deine Schablone. Lass dir von einem Erwachsenen helfen, wenn du die Sprühdose noch nicht gut benutzen kannst. Ziehe das Klebeband vorsichtig ab und nimm die Schablone vom Gehweg.

Hier siehst du Leni beim Sprühen und Anneli mit ihrem Banksy-Kunstwerk.

Der Schrei, wahrscheinlich 1910

EDVARD MUNCH

(1863–1944)

Es gibt ein Gemälde, das so bekannt ist, dass es sogar ein eigenes Emoji hat. Das sieht so aus: 😱 Dieses Gemälde heißt *Der Schrei* und wurde von Edvard Munch gemalt.

Edvard wuchs vor mehr als 150 Jahren in Norwegen auf. Er hatte vier Geschwister: Sofie, Andreas, Laura und Inger. Als Edvard fünf Jahre alt war, starb seine Mutter an der damals noch unheilbaren Lungenkrankheit Tuberkulose. Sieben Jahre später verlor er auch seine Schwester Sofie an diese Krankheit. Das war sehr schlimm für Edvard, und ihr Tod prägte ihn sehr.
Edvard war als Kind oft krank und musste im Bett bleiben. So hatte er viel Zeit zum Malen. Bereits mit 17 Jahren stand für Edvard fest, dass er Maler werden wollte. Deshalb schrieb er sich an der Königlichen Kunstschule in Oslo ein. Bei seiner ersten Ausstellung zeigte er ein Bild mit dem Namen *Das kranke Kind*. Man nimmt an, dass es seine kranke Schwester Sofie zeigt. Leider bekam das Bild viele schlechte Kritiken. Edvard hatte das Bild schnell gemalt, die Farbe teilweise abgekratzt. Dieser Malstil entsprach nicht dem, was die Leute gewöhnt waren. Sie wollten fein ausgearbeitete Bilder, die die Wirklichkeit abbildeten.

Edvard hatte großes Talent, und trotz der Kritiken an manchen seiner Werke bekam er drei Jahre hintereinander ein staatliches Kunststipendium und durfte nach Paris reisen. Dort gab es die größten Kunstausstellungen, Museen und viele Künstler, von denen Edvard lernen konnte. In den nächsten Jahren reiste er viel durch Europa. Er lebte in Hamburg, Berlin, Paris, Antwerpen oder auch Nizza. Die Sommermonate verbrachte er in dem kleinen Küstenort Åsgårdstrand in Norwegen.

1892, als Edvard 29 Jahre alt war, wurde er nach Berlin zu einer Einzelausstellung eingeladen. Er zeigte 55 Bilder. Die Empörung der Besucher und Presse darüber war aber so groß, dass die Ausstellung nach nur einer Woche abgebrochen wurde. Die meisten Leute sahen in Edvards Kunst nur Geschmiere. Edvard wurde schlagartig bekannt. Aber nur wenige kauften seine Bilder.

Edvard malte weiter, organisierte in vielen europäischen Städten Ausstellungen und den Verkauf seiner Bilder. Er begann auch, seine Werke als Drucke herzustellen. Für ihn wichtige Werke malte er immer wieder. Er fand wichtige Förderer in Deutschland, die seine Bilder kauften und seine Rechnungen beglichen. Er bekam viele Porträtaufträge und widmete sich dem *Lebensfries*. Ein Fries ist eine Reihe von Bildern, die eine Geschichte erzählen, ähnlich wie ein Comic. Edvards Bilder sollten die Geschichte des Lebens erzählen.
Mit seiner wachsenden Bekanntheit nahmen seine privaten Probleme zu. Edvard trank viel Alkohol und bekam immer wieder Nervenzusammenbrüche. Nach einem schweren Streit mit seiner Freundin Tulla Larsen fiel sogar ein Schuss, und Edvard verlor einen Teil eines Fingers.

Nachdem Edvard mehr als 20 Jahre durch Europa gereist war, kaufte er sich mit Mitte 40 ein Haus in dem kleinen Ort Kragerø im Süden Norwegens. Edvards Anerkennung wuchs und machte aus ihm einen reichen Mann. Schließlich kaufte er sich einen großen Bauernhof, Gut Ekely, in der Nähe von Oslo. Dort lebte er recht zurückgezogen, bis er im Alter von 80 Jahren starb.

Edvard hinterließ seine Werke der Stadt Oslo: über 1000 Gemälde, fast 15 400 Drucke, 4500 Zeichnungen und Aquarelle, sechs Skulpturen und viele Briefe. Nachdem es schon seit 1963 ein eigenes Munch-Museum in Oslo gab, nahm die Stadt noch einmal viel Geld in die Hand und baute ein komplett neues Museum zu Ehren Munchs. Es wurde im Oktober 2021 eröffnet. Heute ist Munch vor allem für seine Bilder, die Gefühle zeigen, weltbekannt. Eine Version des Bildes *Der Schrei* wurde 2012 für mehr als 90 Millionen Euro versteigert.

EDVARD MUNCH zum Ausmalen

Der Tanz des Lebens

EDVARD MUNCH kurz und knapp

Norwegischer Maler und Grafiker
Kunststil: Impressionismus bis Expressionismus
Motive: Emotionen wie Angst, Trauer, Eifersucht
#derschrei, **#emotionen**

Hier findest du seine Werke:

Über 28 000 seiner Werke hängen in Norwegen im **Munch-Museum** in **Oslo** und im Kunstmuseum (KODE) in Bergen.
In Deutschland (u. a.):

- In der Kunsthalle Bremen
- In der Hamburger Kunsthalle
- In der Neuen Nationalgalerie (Berlin)
- In der Staatsgalerie Stuttgart
- Im Wallraf-Richartz-Museum (Köln)

In der Schweiz im Kunsthaus Zürich

In Österreich im Museum Belvedere (Wien)

Der Tanz des Lebens, 1925

EDVARD MUNCH in Aktion

Wir fertigen unseren eigenen Stempel und drucken

Du brauchst:

- √ Dickes Papier (A4)
- √ **Stempelgummi**
- √ **Schnitzwerkzeug für Stempelgummi**
- √ Transparentpapier
- √ Farben (wir haben Wasserfarben benutzt)
- √ Bleistift, Schere, Pinsel

1. Wir erstellen uns eine Vorlage: Male eine Vorlage und pause sie mithilfe des Bleistifts und des Transparentpapiers ab. Das Transparentpapier drückst du dann mit der Vorderseite (also der Seite, auf die du mit Bleistift gezeichnet hast) auf das Stempelgummi, sodass es dein Motiv spiegelverkehrt auf dem Gummi zeigt. Dann reibst du mit den Fingern über die Rückseite der Bleistiftlinien. Die Bleistiftzeichnung reibt sich direkt ab.

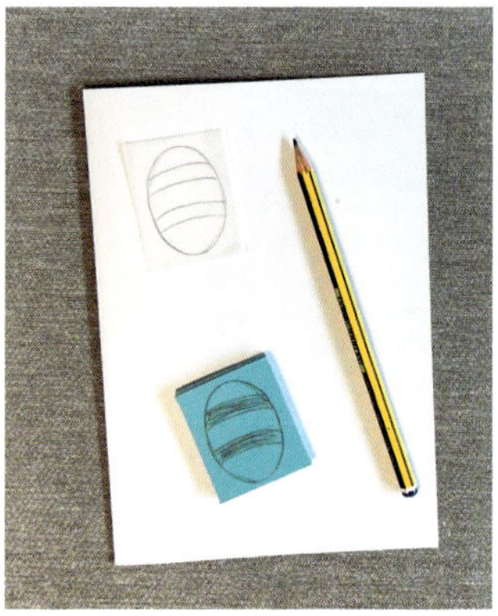

2. Wir schnitzen uns den Stempel: Schneide mit den Schnitzwerkzeugen die Flächen aus, die später nicht gedruckt werden sollen (bei uns mit Bleistift grau gezeichnet). Schnitze immer vom Körper weg! Benutze zuerst ein feines Werkzeug und fahre vorsichtig die dünnen Bleistiftlinien nach. Nimm danach für größere Flächen die gröberen Werkzeuge. Denke auch daran, den Hintergrund wegzuschnitzen.

3. Wir erstellen den Druck: Nimm dir erst ein Schmierpapier und mache einen Probedruck. Dabei siehst du, ob du alle Bereiche genau genug ausgeschnitzt hast. Bemale den fertigen Stempel vorsichtig mit Farbe. Wenn du Wasserfarbe nimmst, darf diese nicht sehr nass sein. Ergänze deinen Druck mit einem Schriftzug und / oder Farben.

FRIDA KAHLO

(1907–1954)

Es lebte einmal ein Mädchen in Mexiko, das hieß Magdalena Carmen Frieda Kahlo y Calderón, wurde aber immer nur Frida Kahlo genannt. Sie sollte die bekannteste Malerin Südamerikas werden.

Du wunderst dich vielleicht über den Namen Frida Kahlo, weil er nicht mexikanisch klingt. Ihr Vater, Carl Wilhelm Kahlo, kam aus Deutschland und war nach Mexiko ausgewandert. Frida wuchs mit ihren drei größeren Schwestern und ihren Eltern in einem Vorort von Mexico City, in Coyoacán, auf. Dort lebten sie in einem kleinen blauen Haus. Ihr Vater war ein sehr angesehener Fotograf.

Frida hatte kein leichtes Leben. Als Kind erkrankte sie an Kinderlähmung. Als Folge dieser Krankheit hatte sie ein dünnes, kürzeres Bein, sodass sie ihr Leben lang humpelte. Sie trug gerne lange Röcke, um das dünnere, kürzere Bein zu verstecken.
Als sie 18 Jahre alt war, hatte sie einen sehr schweren Verkehrsunfall, bei dem sie sich mehrere Knochen und gleich drei Mal die Wirbelsäule brach. Sie musste monatelang im Krankenhaus liegen und erholte sich nie wieder ganz von dem Unfall. Immer wieder wurde sie operiert und hatte oft Schmerzen. Als Folge des Unfalls konnte Frida auch keine Kinder bekommen, was sie sehr traurig machte.

Frida wurde sehr langweilig, weil sie immer liegen musste. Deshalb begann sie zu malen. Und sie hatte großes Talent. Das Malen half ihr, ihre Gefühle auszudrücken und ihre Schmerzen auszuhalten. Sie malte immer das, was ihr gerade durch den Kopf ging, was sie sah und was sie fühlte. Meistens malte sie ihre Familie, ihre Haustiere – stell dir vor, sie hatte sogar zwei Affen – und sich selbst. Wenn man sich selbst malt, nennt man das Selbstporträt, und davon malte sie 55 Stück.

Als sie 15 Jahre alt war, lernte sie den sehr bekannten und beliebten Wandmaler Diego Rivera kennen. Er war 20 Jahre älter als Frida. Die beiden verliebten sich und heirateten, als Frida 22 Jahre alt war. Sie bekamen immer viel Besuch und reisten ebenso gern, zum Beispiel in die USA und nach Europa. Leider stritten Diego und Frida auch sehr oft, sodass sie sich schließlich scheiden ließen. Bald aber merkten sie, wie sehr sie einander brauchten, darum heirateten sie ein Jahr später noch mal. Die beiden bewunderten die Arbeit des anderen sehr. Sie malten sich sogar gegenseitig in ihren Werken.

Frida liebte die Aufmerksamkeit. Wenn sie auf der Straße unterwegs war, war sie nicht zu übersehen: Sie trug auffällige Kleidung und großen Schmuck. Sie liebte ihr Land und trug gerne die traditionelle Tracht der einheimischen mexikanischen Bevölkerung, was damals sehr ungewöhnlich war. Ihre Haare zierten Blumenkränze oder Schleifen.
Sie ließ ihre Augenbrauen zu einer zusammenwachsen. Das nennt sich dann Monobraue. Heute wird Frida Kahlo deshalb oft mit Blumenkranz und Monobraue dargestellt.

Als Frida Anfang 30 war, hatte sie ihre ersten Einzelausstellungen in New York und Paris. Das bekannte Pariser Museum, der Louvre, erwarb eines ihrer Selbstporträts. Leider litt Frida immer mehr unter den Folgen ihres Unfalls. Mit Mitte 40 musste sie wieder oft operiert werden, lange liegen, und schließlich musste ihr sogar das rechte Bein amputiert werden. Die vielen Operationen und die Amputation setzen Frida sehr zu. Sie nahm viele Medikamente und verlor am Ende ihren Lebenswillen. Sie starb mit 47 Jahren.

Nach ihrem Tod wurde Frida weltberühmt. So berühmt, dass es neben mehreren Filmen sogar eine Barbiepuppe von ihr gibt.
Fridas Werke gelten in Mexiko als Kulturgut und dürfen das Land nur für Ausstellungen verlassen. Deshalb findest du die meisten Werke auch in ihrem ehemaligen Geburtshaus, dem kleinen blauen Haus in Coyoacán in Mexiko.

FRIDA KAHLO zum Ausmalen

Ich und meine Papageien

FRIDA KAHLO kurz und knapp
Mexikanische Malerin
Selbstporträts, in denen sie nichts verheimlichte oder verschönerte
Motive: Liebe und Leid
#blumenhaarkranz, #monobraue, #selbstporträt

Ich und meine Papageien, 1941

FRIDA KAHLO in Aktion

Wir verwandeln uns in ein Frida-Kahlo-Gemälde

Du brauchst:

√ Ein Foto oder das Porträt von dir aus der Aktion von Roy Lichtenstein
√ **Ein Farbfoto von deinem Haustier oder deinem Wunschhaustier** (wenn du kein Foto hast, drucke ein Bild aus dem Internet aus)
√ Filzstifte in mehreren Farben
√ Bunte Blumen und einen bunten Hintergrund aus Zeitschriften
√ Kleber und Schere
√ Dickes Papier (A4)

1. Wähle Motive für den Hintergrund sowie schöne Blumenmotive für deinen Haarkranz aus Zeitschriften und schneide sie aus. Schneide dein Foto oder Porträt aus der Aktion von Roy Lichtenstein und das Foto deines (Wunsch-)Haustiers aus. Arrangiere alles auf dem dicken Papier.

2. Male dein Porträt so aus, wie du dich siehst.

3. Klebe erst den Hintergrund fest. Dann folgen dein Porträt und dein Haustier. Die Blumen klebst du als Letztes in deine Haare.

Hier siehst du Lotte und Carla à la Frida Kahlo.

JEFF KOONS

*(*1955)*

Jeffrey, genannt Jeff, wurde 1955 in den USA geboren. Schon früh interessierte sich Jeff für Kunst. Sein Vater war Innenarchitekt und besaß ein Möbelgeschäft. Dort stellte er die Kunstwerke seines kleinen Sohnes aus.

Jeff studierte Kunst und Design. Nach seinem Abschluss zog er nach New York City, um Künstler zu werden. Seine Kunst bestand zu dieser Zeit darin, Gegenstände neu anzuordnen und auszustellen. Er stellte z. B. kleine aufblasbare Blumen vor Spiegel oder Staubsauger hinter Plexiglasscheiben. Er arbeitete im Museum of Modern Art (MoMA), einem sehr bekannten Museum moderner Kunst, aber weil die Herstellung seiner Kunstwerke immer teurer wurde, musste er mehr Geld verdienen und arbeitete später in einer Maklergesellschaft, die Rohstoffe verkaufte.

Als Jeff Mitte 20 war, wurde die Kunstwelt auf ihn aufmerksam, und er bekam seine ersten Einzelausstellungen. Für eine seiner Ausstellungen ließ er von erfahrenen Handwerkern Porzellan-, Glas- und Holzskulpturen nach seinen Vorstellungen anfertigen. Die Werke wurden unter dem Namen *Banality* (Banalitäten) bekannt. Unter ihnen waren eine Skulptur des verstorbenen Sängers Michael Jackson mit seinem Affen Bubbles *(Michael Jackson and Bubbles)* und die der Comicfigur Pink Panther, die später für mehrere Millionen Euro versteigert wurden.
Viele hielten Jeffs Kunst für innovativ. Aber er bekam auch schlechte Kritiken für seine Werke. Viele hielten seine Werke nicht für Kunst, sondern für Kitsch.

1992 zeigte Jeff während der zeitgenössischen Kunstausstellung Documenta in Kassel eine zwölf Meter hohe Blumenskulptur. Er nannte sein Werk *Puppy*. *Puppy* war ein Stahlgerüst, das über und über mit blühenden Pflanzen bedeckt war und die Form eines Hundes hatte. Es war größer als ein Haus mit drei Stockwerken. *Puppy* wurde weltbekannt.

Jeff erschuf nicht nur ein Kunstwerk, sondern fertigte immer ganze Werkreihen mithilfe seiner Assistent:innen an. Die Kunstwerke konnten große Gemälde oder Skulpturen sein. Bekannt wurden seine Werke mit dem Namen *Celebration* (Feier), die riesige Geschenkartikel, Kinderspielzeug und Ballonfiguren zeigen. Sie waren meist aus poliertem Edelstahl hergestellt. Ebenfalls bekannt wurden Jeffs Darstellungen von Cartoon-Charakteren wie *Popeye* und *Der unglaubliche Hulk* und seine Anordnung von Aufblastieren zu Kunstwerken aus den *Popeye*- und *Hulk-Elvis-Serien*. Unter dem Namen *Gazing Ball* zeigt Jeff blaue Glaskugeln, die auf Skulpturen balancieren oder vor den Neuschöpfungen bekannter Gemälde auf einem kleinen Regal befestigt sind. Als Zuschauer kann man sowohl sich selbst als auch das Kunstwerk in der Kugel gespiegelt sehen. Als *gazing ball* bekannt sind eigentlich Glaskugeln, die zur Dekoration im Garten aufgestellt werden.

Inzwischen ist Jeff so bekannt, dass viele Museen und Galerien auf der ganzen Welt seine Kunstwerke ausstellen. Daneben gestaltete er noch Skateboards, zwei BMWs, eine Yacht sowie ein Plattencover für Lady Gaga.
2019 gewann er erneut den Titel *teuerster lebender Künstler*. Seine Skulptur *Rabbit* (Hase) wurde für 91 Millionen Dollar versteigert.
Jeff lebt und arbeitet in New York.

JEFF KOONS **kurz und knapp**

US-amerikanischer Maler, Skulpteur und Konzeptkünstler
Riesige farbenfrohe Skulpturen, Bilder und Collagen
Motive: Alltagsgegenstände, Kinderspielzeug und Werbung
#ballonhund, **#popart**

JEFF KOONS zum Ausmalen

Loopy

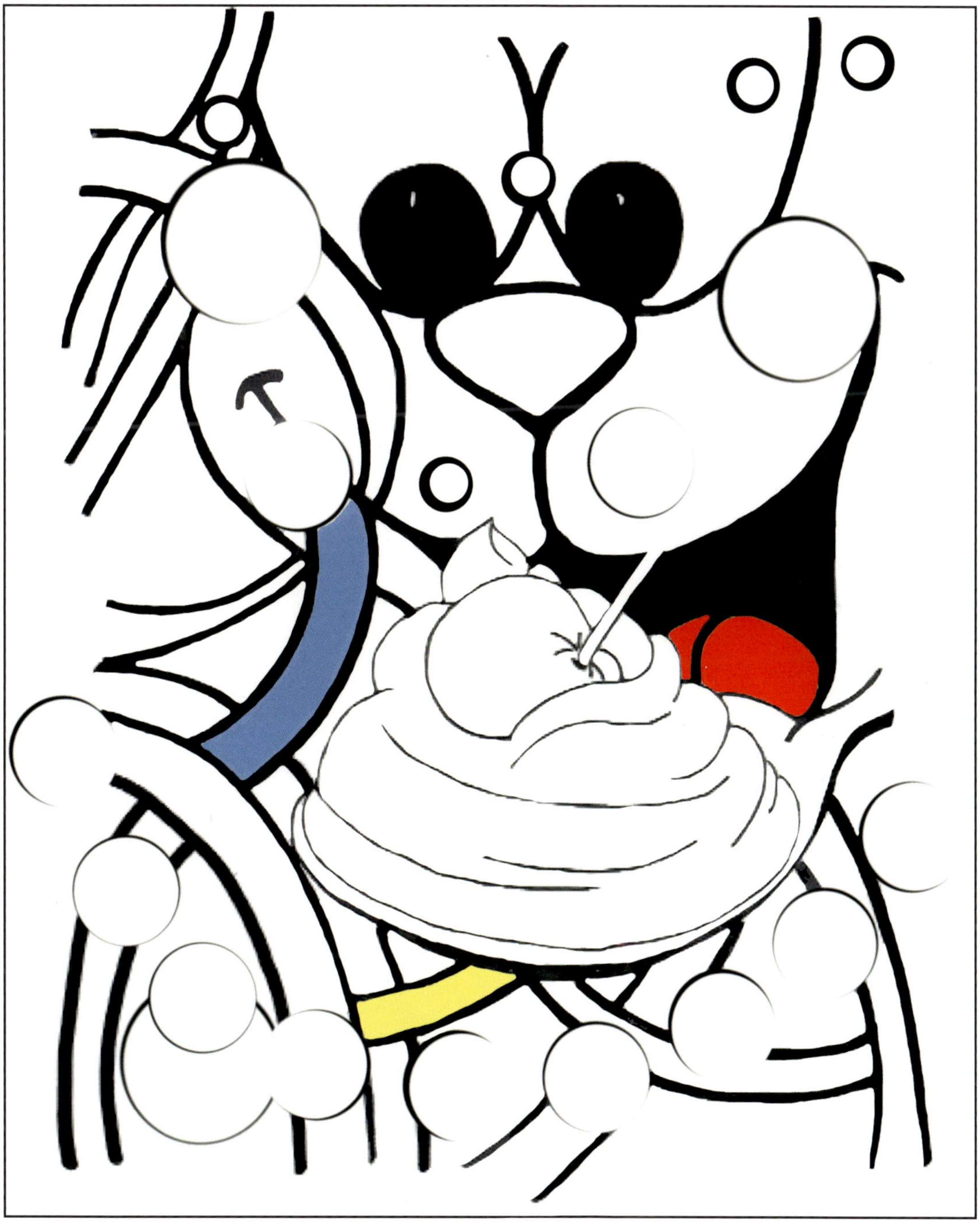

Hier findest du seine Werke:

Es lohnt sich, auf Ausstellungen von Jeff zu warten, die gleich mehrere seiner Werke zeigen. Sie finden auf der ganzen Welt statt.
In Deutschland u. a.:

- Im Museum Brandhorst (München)
- Im Ludwig Forum (Aachen)
- Im Museum für Moderne Kunst (MMK, Frankfurt am Main)

Alle Werke, Informationen über Jeffs Leben und über aktuelle Ausstellungen findest du unter: jeffkoons.com

Luftballonhund, 1994–2000

Loopy, 1999

JEFF KOONS in Aktion

Wir basteln einen Ballonhund

Du brauchst:
- √ **Modellierballon**
- √ Zeitungspapier
- √ **Tapetenkleister**
- √ Luftpumpe (kommt meist im Set mit den Modellierballons)
- √ Pinsel
- √ Farbe

I. Wir basteln einen Ballonhund: Lass dir von einem Erwachsenen bei der Erstellung eines Ballonhundes helfen. Im Internet gibt es auch großartige Erklärvideos. Pumpe einen Modellierballon auf und knote ihn zusammen. Pumpe ihn nicht voll auf, sonst platzt er zu leicht. Beginne am zusammengeknoteten Ende des Luftballons, das wird die Schnauze. Die einzelnen Abschnitte (Schnauze, Ohren etc.) sind ungefähr eine Erwachsenenhand breit.

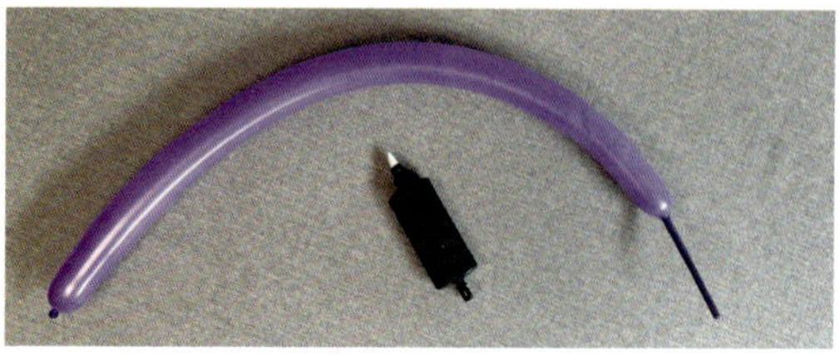

Drehe drei Abschnitte (Schnauze und zwei Ohren). Du musst die einzelnen Abschnitte immer gut festhalten, sonst drehen sie sich wieder auf.

Verdrehe diese mit dem langen Ende, das wird der Hals.

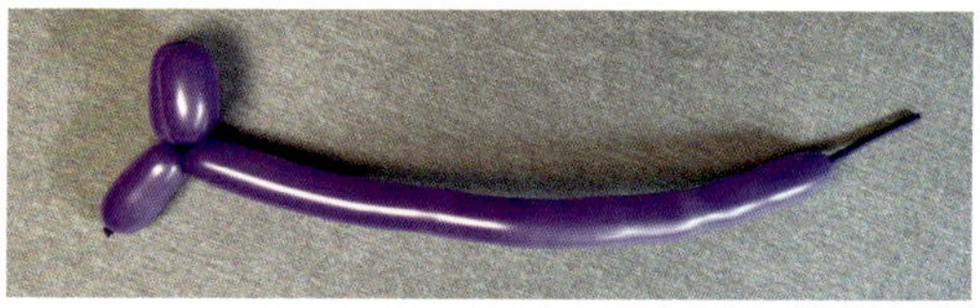

Drehe wieder drei Abschnitte (Hals und Vorderbeine).

Verdrehe diese mit dem nächsten Abschnitt (Körper). Drehe Hinterbeine und Schwanz.

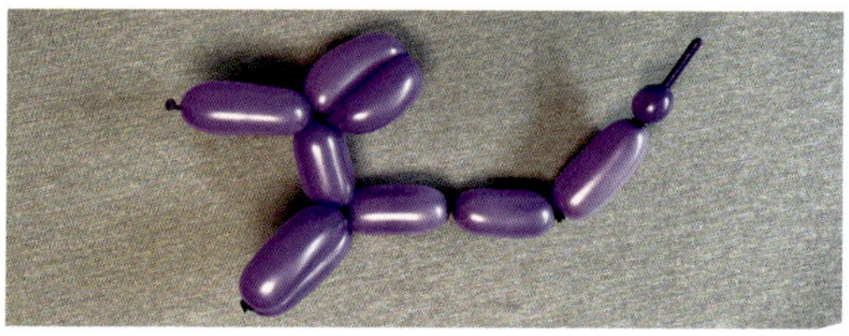

Verdrehe sie mit dem Körper. Fertig ist der Ballonhund. Wenn der Hund nicht alleine stehen kann, kannst du das mit Drehungen an den Beinen ausgleichen.

2. Wir basteln uns einen Pappmascheehund: Lege großflächig Zeitungspapier aus. Mische den Tapetenkleister nach der Packungsanleitung an oder lass dir von einem Erwachsenen helfen. Reiße ein paar Seiten Zeitungspapier in kleine Stücke. Nimm einen Pinsel und bestreiche die Zeitungspapierschnipsel mit Kleber und klebe sie auf. Streiche mit Kleber über die Schnipsel, wenn sie nicht gut halten, und hilf mit den Händen nach, um den Kleber zu verteilen.

3. Lass den Hund gut trocknen (am besten über Nacht). Besprühe oder bemale den Hund mit der Farbe oder den Farben deiner Wahl.

Julius mit seinem gelben und Leni mit ihrem rosa Ballonhund.

Sternennacht, 1889

VINCENT VAN GOGH

(1853–1890)

Es gibt ein paar wenige Künstler, die wirklich weltweit bekannt sind und deren Werke jeder kennt. Einer davon ist Vincent van Gogh.

Vincent van Gogh wuchs vor langer Zeit in den Niederlanden auf. Er hatte feuerrote Haare und viele Sommersprossen. Sein Vater war Pfarrer, seine Mutter kümmerte sich um ihn und seine fünf jüngeren Geschwister: Anna, Theodorus (Theo), Elisabeth, Willemina (Wil) und Cornelis.
Nach der Schule begann Vincent eine Lehre als Kunsthändler bei seinem Onkel in Den Haag, einer großen Stadt in den Niederlanden. Auch sein Bruder Theo begann dort ein paar Jahre später seine Lehre. Die beiden Brüder verstanden sich gut und schrieben sich sehr viele Briefe. Mehr als 600 ihrer Briefe sind heute noch erhalten.

Schließlich gefiel Vincent die Arbeit als Kunsthändler nicht mehr, sodass er mit Anfang 20 kündigte. In den nächsten Jahren arbeitete er als Hilfslehrer, Buchhändler und Prediger. Doch nirgends gefiel es ihm lange. Er verdiente kaum Geld und war auf die Unterstützung seiner Familie angewiesen. Vincent war sehr traurig und frustriert, weil er nicht wusste, was er im Leben machen sollte.
Mit 27 Jahren entschied er sich schließlich, Künstler zu werden, obwohl er noch nie einen Kunstkurs besucht hatte. Vincent brachte sich das Zeichnen selbst bei und übte und übte und übte. Die nächsten Jahre zog er oft um. Er lebte in Den Haag, bei seinen Eltern auf dem Land, seinem Bruder in Paris und schließlich in Arles, einer Stadt in der Provence in Südfrankreich. Seine Bilder verkauften sich kaum. Den Lebensunterhalt und das Geld für seine Farben und Leinwände zahlte ihm sein Bruder Theo.

Vincent mietete in Arles die rechte Hälfte eines gelben Hauses. Dort arbeitete und wohnte er. Er malte fröhliche Bilder, um sie in sein Haus zu hängen. Diese waren auch meist in seiner Lieblingsfarbe Gelb gemalt. Paul Gauguin, ein Künstler, der auch von Vincents Bruder Theo unterstützt wurde, zog zu Vincent in die andere Hälfte des gelben Hauses. Die beiden Künstler waren sehr unterschiedlich und diskutierten viel und heftig. Sie konnten beide sehr wütend werden. Bald kam es zu einem schweren Streit. Vincent erlitt einen Nervenzusammenbruch und schnitt sich einen Teil seines Ohres ab. Als er aus dem Krankenhaus entlassen wurde, malte er sich mit bandagiertem Ohr. Paul Gauguin war inzwischen abgereist.

Vincent litt immer mehr an Verwirrtheit, Halluzinationen und Albträumen. Bis heute ist nicht genau geklärt, was diesen Zustand hervorgerufen hat. Es könnten eine Vergiftung, zu viel Alkohol oder die Auswirkungen einer Krankheit (Syphilis) gewesen sein. Vincent wusste nicht mehr, was er sagte, was er wollte oder tat. Deshalb beschloss er, in eine Heilanstalt in die Nähe von Arles zu ziehen. Leider besserte sich sein Zustand nicht. Im Wahn versuchte er, Farbe zu essen und sich damit zu vergiften.
Nach Monaten in der Heilanstalt zog Vincent in ein Künstlerdorf nördlich von Paris. Dort arbeitete er wie im Rausch, und es entstanden viele Bilder. Leider wurde Vincent nicht gesund, es ging ihm immer schlechter. Eines Tages versuchte er, sich mit einem Revolver zu erschießen, und starb zwei Tage später an seinen Verletzungen. Niemand weiß genau, warum er nicht mehr leben wollte. Vielleicht war er so traurig, weil er einsam war und keinen Erfolg mit seinen Bildern hatte. Wenn er nur gewusst hätte, wie bekannt seine Bilder noch werden würden...

20 Jahre nach seinem Tod waren Vincents Bilder anerkannt und wurden teuer verkauft. Vincents Neffe und Patenkind, Vincent Willem, brachte die Werke in die Vincent-van-Gogh-Stiftung ein und übergab die Sammlung als Dauerleihgabe dem niederländischen Staat. Inzwischen gibt es in Amsterdam ein eigenes Van Gogh Museum, und Museen auf der ganzen Welt zeigen seine Bilder.

VINCENT VAN GOGH zum Ausmalen

Sternennacht

VINCENT VAN GOGH kurz und knapp

Niederländischer Künstler
Gemälde in kräftigen, **leuchtenden Farben**
mit dicken sichtbaren Pinselstrichen
#sonnenblumen, #sternennacht und **#verbundenesohr**

Hier findest du seine Werke:
Vincents Werke befinden sich in vielen Museen auf der ganzen Welt. Die größte Sammlung ist im **Van Gogh Museum** in **Amsterdam**. Unter https://www.vangoghmuseum.nl kannst du die Bilder online ansehen. Es gibt dort auch Videos (in Englisch oder Niederländisch).

In Deutschland u. a.:
- In der Neuen Pinakothek (München)
- Im Museum Folkwang (Essen)
- Im Wallraf-Richartz-Museum (Köln)

In der Schweiz u. a.:
- Im Kunsthaus Zürich

In Österreich:
- Im Museum Belvedere (Wien)

Sonnenblumen, 1889

VINCENT VAN GOGH in Aktion

Wir erstellen ein Bild im Van-Gogh-Stil

Du brauchst:

√ Ein Foto oder deine ausgedruckte Kopiervorlage vom Roy-Lichtenstein-Projekt
√ **Glitzerpulver**
√ **Flüssigkleber**
√ Farbe oder Wasserfarbe
√ Dickes Papier
√ Schere

1. Lege großflächig Zeitungspapier als Unterlage aus. Male das dicke Papier komplett in einer Farbe oder Farbfamilie aus. *Tipp für den Van-Gogh-Stil: Male einzelne Pinselstriche mit Voll- und Abtönfarbe, sodass diese gut sichtbar sind.* Lass die Farbe trocknen.

2. Nimm ein Foto von dir oder verwende die Kopiervorlage aus dem Roy-Lichtenstein-Projekt und male sie mit Wasserfarben an. Lass das Bild gut trocknen.

3. Male mit dem (Flüssig-)Kleber Formen auf das Papier, um eine Sternennacht zu gestalten (Mond, Sterne oder Fantasieformen, was immer du magst). Nimm das Glitzerpulver und streue es vorsichtig auf den Kleber. Lass ihn trocknen. Fange überschüssiges Pulver in einem Becher auf und verwende es wieder.

4. Schneide dein Bild aus und klebe es auf den Hintergrund. Wir haben das Bild noch mit Glitzerpulver verziert.

VERZEICHNIS DER ABBILDUNGEN

Gabriele Münter

- Gabriele Münter, *Am Starnberger See,* 1908, Öl auf Leinwand, 33 x 40,8 cm – Ausmalbild Seite 47 (© VG Bild-Kunst, Bonn 2022), Seite 48 (Foto © Christie's Images Ltd - ARTOTHEK/© VG Bild-Kunst, Bonn 2022)

Banksy

- *Shop till you drop* – Seite 52 (Foto: Valentina Eckel)
- *Flower Thrower* – Ausmalbild Seite 53, Seite 54 (Eddie Gerald/Alamy Stock Foto)

Edvard Munch

- Edvard Munch, *Der Schrei*, wahrscheinlich 1910, Tempera und Öl auf unbehandelter Pappe, Munch Museum, Oslo – Seite 58 (bpk/Scala)
- Edvard Munch, *Der Tanz des Lebens*, 1925, Öl auf Leinwand, Munch Museum, Oslo – Ausmalbild Seite 61, Seite 62 (bpk/Scala)

Frida Kahlo

- Frida Kahlo, *Ich und meine Papageien,* 1941, Öl auf Leinwand, 82 x 62,2 cm, private Sammlung – Ausmalbild Seite 67 (© Banco de México Diego Rivera Frida Kahlo Museums Trust/VG Bild-Kunst, Bonn 2022), Seite 68 (Album/Fine Art Images/akg-images/© Banco de México Diego Rivera Frida Kahlo Museums Trust/VG Bild-Kunst, Bonn 2022)

Jeff Koons

- Porträtzeichnung Seite 72 nach einem Foto von Sebastian Kim, mit freundlicher Genehmigung des Fotografen
- Jeff Koons, *Loopy,* 1999, Öl auf Leinwand, 274,3 x 201,3 cm – Ausmalbild Seite 73 (Reference to Jeff Koons, *Loopy*, 1999 © Jeff Koons), Seite 74 rechts (Jeff Koons, *Loopy*, 1999 © Jeff Koons, Photo: Lawrence Beck, New York, Courtesy Sonnabend Gallery).
- Jeff Koons, *Luftballonhund*, 1994–2000, polierter Edelstahl mit transparenter Farbschicht, 307,3 x 363,2 x 114,3 cm, Boston, Museum of the Fine Arts and the Broad Art Foundation – Seite 74 links (Jeff Koons, *Balloon Dog [Orange]*, 1994–2000 © Jeff Koons, Photo: Tom Powel Imaging)

Vincent van Gogh

- Vincent van Gogh, *Sternennacht*, 1889, Öl auf Leinwand, 73,7 x 92,1 cm, NY, MoMA – Seite 78 (akg-images), Ausmalbild Seite 81
- Vincent van Gogh, *Sonnenblumen*, 1889, Öl auf Leinwand, 95 cm x 73 cm, Amsterdam, Vincent van Gogh Museum (Vincent van Gogh Foundation) – Seite 82 (akg-images)

- Fotos auf den Seiten 5 und 93: © Lina Gössing
- Alle anderen Abbildungen und Fotos: Valentina Eckel

LITERATUR

Partsch, Susanna, *Lexikon der Künstler – von Giotto bis Keith Haring*. Wien: Carl Hanser Verlag, 2006, S. 182–185, 249–252, 268–271
Koch, Christiane, *Gustav Klimt – Bild-Biografie*. München: Prestel Verlag, 2005
Fliedl, Gottfried, *Gustav Klimt 1862–1918. Die Welt in weiblicher Gestalt*. Köln: Taschen, 2006
Kränsel, Nina, *Gustav Klimt*. München: Prestel Verlag, 2014
Gilberti, Fausto, *Yayoi Kusama – Covered everything in dots and wasn't sorry*. London: Phaidon Press, 2020
Rosenthal, Stephanie, *Yayoi Kusama – Eine Retrospektive*. München: Prestel Verlag, 2021
Hannah Pilarczyk/dpa (20.10.2021): 92-jährige Japanerin zum «Star von morgen» der Kunstwelt gekürt, spiegel.de, https://www.spiegel.de/kultur/kunstkompass-2021-gerhard-richter-wieder-als-wichtigster-kuenstler-der-welt-gefuehrt-a-afa93875-7071-47c7-89d7-bae237683875 (abgerufen am 16.5.2022)
(20.11.2021): Die teuersten Künstlerinnen der Auktionsgeschichte, barnebys.de, https://www.barnebys.de/blog/die-10-teuersten-kunstlerinnen-in-einer-auktion (abgerufen am 16.5.2022)
Koldehoff, Stefan, *Vincent Van Gogh*. Reinbek bei Hamburg: Rowohlt Taschenbuch Verlag, 2003
Denekamp, Nienke & van Blerk, René, *Der große Van Gogh Atlas*. München: Sieveking Verlag, 2015
Breunesse, Carolin, *Zu Besuch bei Vincent van Gogh*. München: Prestel, 1997
ZTS art das Kunstmagazin; Oktober 2019, Heft 10 S. 24 ff. «Wer war Vincent?», Text: Sandra Danicke
Damien Hirst, Tate Trustees by Tate Publishing 2012
https://www.kunstplaza.de/kuenstler/damien-hirst-oder-wer-bestimmt-die-wege-des-geldes-in-der-kunst/
https://www.damienhirst.com
Hoberg, Annegret, *Gabriele Münter*. München: Prestel Verlag, 2003
Stieff, Barbara, *Der Blaue Reiter für Kinder – Ein Bild muss klingen*. München: Prestel Verlag, 2008
dpa (4.6.2012): 732 000 Euro für Münter-Bild, mainpost.de, https://www.mainpost.de/ueberregional/kulturwelt/kultur/732–000-euro-fuer-muenter-bild-art-6824564 (abgerufen am 16.5.2022)
Blanché, Ulrich, *Banksy – Urban Art in a Material World*. Marburg: Tectum Verlag, 2016
sak/dpa/afp (23.3.2021): Banksy-Werk bringt Rekordsumme von 19,4 Millionen Euro, spiegel.de, https://www.spiegel.de/kultur/banksy-bild-bringt-19–4-millionen-fuers-britische-gesundheitssystem-nhs-a-b4e90ee8–9e8e-492f-959b-a7dd26940a81 (abgerufen am 16.5.2022)
Suzanne Cords, Heike Mund, Stefan Dege (28.7.2020): Banksy-Kunstwerk für fast 2,5 Millionen Euro versteigert, dw.com, https://www.dw.com/de/banksy-kunstwerk-für-fast-25-millionen-euro-versteigert/a-54356777 (abgerufen am 16.5.2022)
Tapies, Xavier, *Where is B**ksy?* Berkeley: Gingko Press, 2016
Messer, Thomas M., *Edvard Munch*. Köln: DuMont Buchverlag, 1989

Edvard Munch's Life 1863–1944, munchmuseet.no, https://www.munchmuseet.no/en/edvard-munch/edvard-munch-timeline/ (abgerufen am 16.5.2022)
Bischoff, Ulrich, *Munch*. Köln: Taschen, 2016
Dingfelder, Hartwig, *Edvard Munch für Kinder*, Köln: DuMont Buchverlag, 2011
Hamburger Kunsthalle und die Autoren, *Munch und Deutschland*. Stuttgart: Verlag Gerd Hatje, 1994
Holzwarth, Hans Werner, *Koons*. Köln: Taschen, 2015
Sebastian Frenzel (27.04.2021): Jeff Koons wechselt zur Pace Gallery, monopol-magazin.de, https://www.monopol-magazin.de/jeff-koons-wechselt-zur-pace-gallery (abgerufen am 16.5.2022)
Jeffkoons.com
Herrera, Hayden, *Frida Kahlo – Die Gemälde*. München: Schirmer/Mosel, 1992
Waldman, Diane, *Roy Lichtenstein*. New York: The Solomon Guggenheim Foundation, 1994
Avis Berman: Biography, lichtensteinfoundation.org, https://lichtensteinfoundation.org/biography/ (abgerufen am 16.5.2022)
Mercurio, Gianni, *Roy Lichtenstein – Kunst als Motiv*. Köln: DuMont Buchverlag, 2010, S. 358 ff.
Waldman, Diane, *Roy Lichtenstein*. München: Haus der Kunst, 1994
Essay by Calvin Tomkins; Photographs and interview by Bob Adelman, *Roy Lichtenstein: Mural with blue brushstroke*. New York: Harry N. Abrams, Inc., Publishers, 1987, S. 7–35
de Jong, Cees W. (Hg.), *Piet Mondrian – Leben und Werk*. München: Prestel Verlag, 2015. Darin: Zugänglich und Visuell von Cees W. de Jong, S. 6 ff.
Uitgevers, Waanders, *Piet Mondrian – Der Mann, der alles veränderte*. Zwolle: Gemeentemuseum Den Haag, 2017
Piet Mondrian – Die Linie, Martin-Gropius-Bau, Berlin, und Gemeentemuseum Den Haag, 2015

VORLAGEN

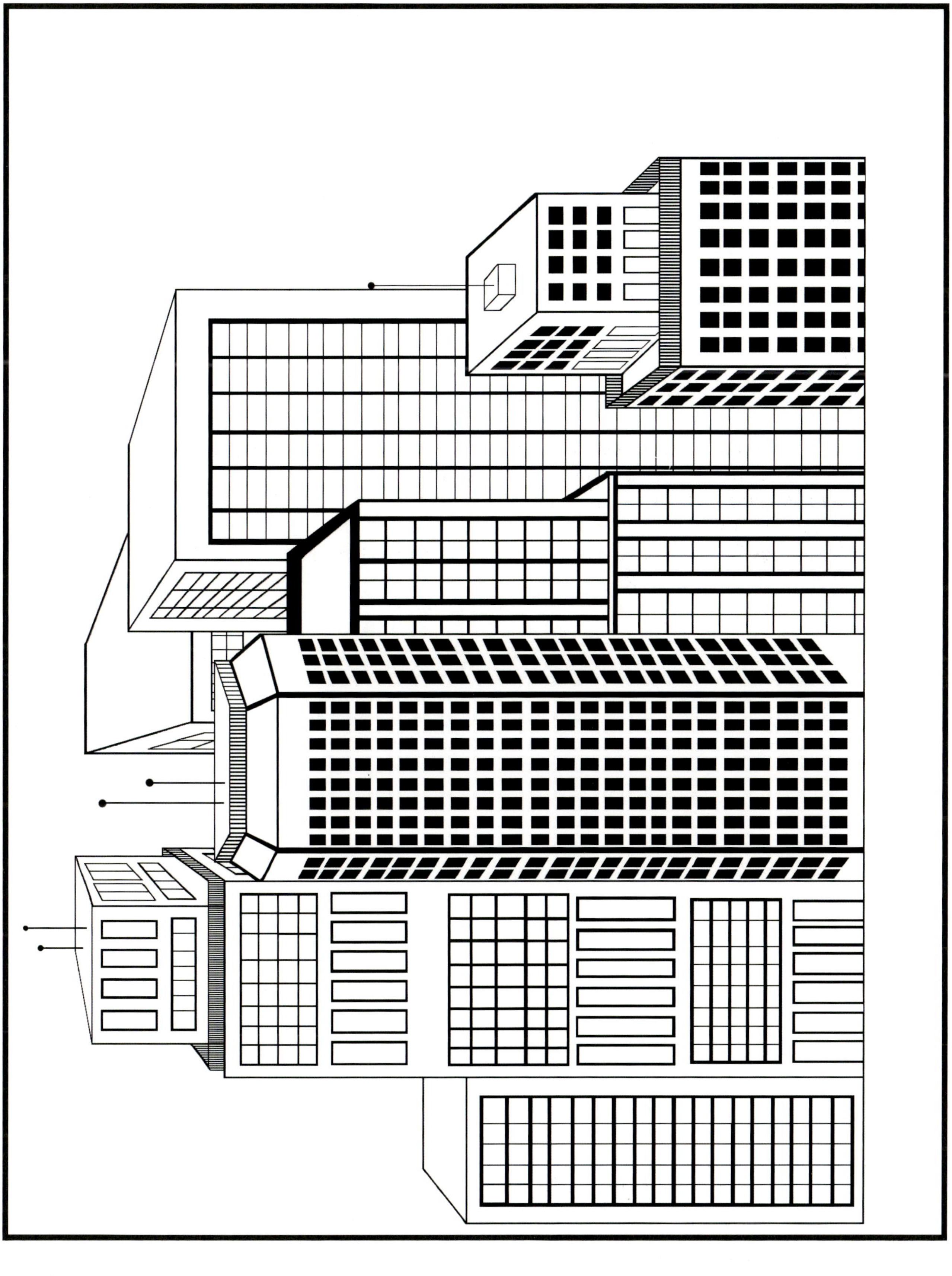

YEAH!

Think
positive

Think
positive!

Heute ist ein
toller Tag

VALENTINA ECKEL, geboren 1981, hat Betriebswirtschaftslehre und European Studies in Passau studiert und lange in der Finanzbranche gearbeitet. Doch ihre Leidenschaft ist die Kunst – und diese Kindern näherzubringen. Sie lebt mit ihrem Mann und ihren drei Töchtern in der Nähe von München.